抒情散文阅读指导

《"四特"教育系列丛书》编委会　编著

吉林出版集团股份有限公司
全国百佳图书出版单位

图书在版编目（CIP）数据

抒情散文阅读指导／《"四特"教育系列丛书》编委会
编著 . —长春：吉林出版集团股份有限公司，2012.4
（"四特"教育系列丛书／庄文中等主编 . 学生阅读与
作文方法指导）
ISBN 978-7-5463-8704-8

I. ①抒… Ⅱ . ①四… Ⅲ . ①阅读课－中小学－教学参考
资料 Ⅳ . ① G634.333

中国版本图书馆 CIP 数据核字（2012）第 044368 号

抒情散文阅读指导
SHUQING SANWEN YUEDU ZHIDAO

出 版 人	吴　强	
责任编辑	朱子玉　杨　帆	
开　　本	690mm×960mm 1/16	
字　　数	250 千字	
印　　张	13	
版　　次	2012 年 4 月第 1 版	
印　　次	2023 年 2 月第 3 次印刷	

出　　版	吉林出版集团股份有限公司
发　　行	吉林音像出版社有限责任公司
地　　址	长春市南关区福祉大路 5788 号
电　　话	0431-81629667
印　　刷	三河市燕春印务有限公司

ISBN 978-7-5463-8704-8　　　　　定价：39.80 元

前 言

　　学校教育是人一生中所受教育最重要组成部分,个人在学校里接受计划性的指导,系统地学习文化知识、社会规范、道德准则和价值观念。学校教育从某种意义上讲,决定着个人社会化的水平和性质,是个体社会化的重要基地。知识经济时代要求社会尊师重教,学校教育越来越受重视,在社会中起到举足轻重的作用。

　　"四特教育系列丛书"以"特定对象、特别对待、特殊方法、特例分析"为宗旨,立足学校教育与管理,理论结合实践,集多位教育界专家、学者以及一线校长、老师们的教育成果与经验于一体,围绕困扰学校、领导、教师、学生的教育难题,集思广益,多方借鉴,力求全面彻底解决。

　　本辑为"四特教育系列丛书"之《学生阅读与作文方法指导》。

　　阅读能力被著名教育家苏霍姆林斯基称之为学习技能的五把刀子之一,它不仅是语文学习能力的主要构成因素,也是训练学生的表达能力的重要途径,还是一切智力活动的基础。因此,有效阅读一直就是语文教学的核心,要提高语文能力,提升语文素养,必须加强有效阅读。

　　作文是人们交流思想和社会交际的重要工具。生活在现实社会里,无论你从事什么行业,都离不开写作,写作是人类生活的基本工具,是每一个社会成员搞好各项工作必须应具备的一种起码素质。本书从肖像、语言、行动、心理、场面、景物、静态、状物、抒情和话题等方面,为广大青少年提供了实际指导和范文阅读,使大家不仅可以学到作文的知识,还能感受到好词好句好段中所蕴含的优美意境,能够受到精神的陶冶。

　　本辑共20分册,具体内容如下:

　　1.《肖像描写阅读指导》

　　肖像描写即描绘人物的面貌特征,它包括人物的身材、容貌、服饰、打扮以及表情、仪态、风度、习惯性特点等。肖像描写的目的是以"形"传"神",刻画人物的性格特征,反映人物的内心世界。描是描绘,写是摹写。描写就是用生动形象的语言,把人物或景物的状态具体地描绘出来。这是一般记叙文和文学写作常用的表达方法。本书针对学生如何高效阅读肖像描写类文章进行了系统而深入的分析和探讨,并给予了切实的指导,对中小学生颇有启发意义。

　　2.《语言描写阅读指导》

　　语言描写是塑造人物形象的重要手段。成功的语言描写总是鲜明地展示人物的性格,生动地表现人物的思想感情,深刻地反映人物的内心世界,使读者"如闻其声,如见其人",获得深刻的印象。本书针对学生如何高效阅读语言描写类文章进行了系统而深入的分析和探讨,并给予了切实的指导,对中小学生颇有启发意义。

　　3.《行动描写阅读指导》

　　行动描写是刻画人物的手法之一,是塑造人物的主要手段。行动是人物思想性格的直接表现,因此,人物的行动描写就要善于抓住人物具有特征性的动作,从而展示人物的精神面貌,反映人物的性格特征,塑造出个性鲜明的人物形象。本书针对学生如何高效阅读行动描写类文章进行了系统而深入的分析和探讨,并给予了切实的指导,对中小学生颇有启发意义。

4.《心理描写阅读指导》

心理描写是指在文章中,对人物在一定的环境中的心理状态、精神面貌和内心活动进行的描写。是作文中表现人物性格品质的一种方法。最常用的是描写人物的内心独白,写出人物的所思所想,让人物一无遮掩地吐露自己的心声,说出他的欢乐和悲伤、矛盾和愁郁、忧虑和希望,使读者穿透人物外表,看到人物的内心世界。本书针对学生如何高效阅读心理描写类文章进行了系统而深入的分析和探讨,并给予了切实的指导,对中小学生颇有启发意义。

5.《场面描写阅读指导》

场面描写,就是对一个特定的时间与地点内许多人物活动的总体情况的描写。它往往是叙述、描写、抒情等表述方法的综合运用,是自然景色、社会环境、人物活动等描写对象的集中表现。场面描写要表现出一种特定的气氛要综合运用记叙、描写、抒情、议论等表达手段,以及映衬、象征等多种手法,这样才能使场面变成一幅生动而充满感染力的图画。本书针对学生如何高效阅读场面描写类文章进行了系统而深入的分析和探讨,并给予了切实的指导,对中小学生颇有启发意义。

6.《景物描写阅读指导》

景物描写,是指对自然环境和社会环境中的风景、物体的描写。景物描写主要是为了显示人物活动的环境,使读者身临其境。本书针对学生如何高效阅读景物描写类文章进行了系统而深入的分析和探讨,并给予了切实的指导,对中小学生颇有启发意义。本书不仅提供了学生有效阅读同范文,还提供了相应的阅读把握方法等,具有很强的系统性、实用性、实践性和指导性。

7.《风俗描写阅读指导》

风俗习惯指个人或集体的传统风尚、礼节、习性。是特定社会文化区域内历代人们共同遵守的行为模式或规范。风俗由于一种历史形成的,它对社会成员有一种非常强烈的行为制约作用。风俗描写主要包括民族风俗、节日习俗、传统礼仪等等。本书针对学生如何高效阅读风俗描写类文章进行了系统而深入的分析和探讨,并给予了切实的指导,对中小学生颇有启发意义。

8.《记叙文阅读指导》

阅读记叙文必须注意把握文章的基本要素,理清记叙的顺序以及线索,准确理解记叙中的描写议论和抒情。只有这样,才能从整体上全面把握记叙文的内容,理解作者的写作意图和文章所反映的中心思想。本书针对学生如何高效阅读记叙文进行了系统而深入的分析和探讨,并给予了切实的指导,对中小学生颇有启发意义。

9.《抒情散文阅读指导》

抒情散文主要是抒发作者对现实生活的感受、激情和意愿。抒情散文抒发的是怎样的感情,如何抒发,都与文章揭示的思想意义是否深广有极大的关系。本书针对学生如何高效阅读抒情散文进行了系统而深入的分析和探讨,并给予了切实的指导,对中小学生颇有启发意义。本书不仅提供了学生有效阅读同范文,还提供了相应的阅读把握方法等,具有很强的系统性、实用性、实践性和指导性。

10.《话题性范文阅读指导》

话题性文章一般与学生的生活实际联系的最紧密,学生应该有话可写。但由于话题比较宽泛,要出采也不容易。写作的关键在于把话题转化,或化大为小,或化抽象为具体。本书针对学生如何高效阅读话题性文章进行了系统而深入的分析和探讨,并给予了切实的指导,对中小学生颇有启发意义。

11.《肖像写作指导》

肖像描写即描绘人物的面貌特征,它包括人物的身材、容貌、服饰、打扮以及表情、仪态、风度、习惯性特点等。肖像描写的目的是以"形"传"神",刻画人物的性格特征,反映人物的内心世界。描是描绘,写是摹写。描写就是用生动形象的语言,把人物或景物的状态具体地描绘出来。本书针对学生如何提高肖像描写类作文写作水平进行了系统而深入的分析和探讨,并给予了切实的指导,对中小学生颇有启发意义。

12.《语言写作指导》

语言描写是塑造人物形象的重要手段。成功的语言描写总是鲜明地展示人物的性格,生动地表现人物的思想感情,深刻地反映人物的内心世界,使读者"如闻其声,如见其人",获得深刻的印象。本书针对学生如何提高语言描写类作文写作水平进行了系统而深入的分析和探讨,并给予了切实的指导,对中小学生颇有启发意义。

13.《行动写作指导》

行动描写是刻画人物的手法之一,是塑造人物的主要手段。行动是人物思想性格的直接表现,因此,人物的行动描写就要善于抓住人物具有特征性的动作,从而展示人物的精神面貌,反映人物的性格特征,塑造出个性鲜明的人物形象。本书针对学生如何提高行动描写类作文写作水平进行了系统而深入的分析和探讨,并给予了切实的指导,对中小学生颇有启发意义。

14.《心理写作指导》

心理描写是指在文章中,对人物在一定的环境中的心理状态、精神面貌和内心活动进行的描写。是作文中表现人物性格品质的一种方法。最常用的是描写人物的内心独白,写出人物的所思所想,让人物一无遮掩地吐露自己的心声,说出他的欢乐和悲伤、矛盾和愁郁、忧虑和希望,使读者穿透人物外表,看到人物的内心世界。本书针对学生如何提高心理描写类作文写作水平进行了系统而深入的分析和探讨,并给予了切实的指导,对中小学生颇有启发意义。

15.《场面写作指导》

场面描写,就是对一个特定的时间与地点内许多人物活动的总体情况的描写。它往往是叙述、描写、抒情等表述方法的综合运用,是自然景色、社会环境、人物活动等描写对象的集中表现。场面描写要表现出一种特定的气氛要综合运用记叙、描写、抒情、议论等表达手段,以及映衬、象征等多种手法,这样才能使场面变成一幅生动而充满感染力的图画。本书针对学生如何提高场面描写类作文写作水平进行了系统而深入的分析和探讨,并给予了切实的指导,对中小学生颇有启发意义。

16.《景物写作指导》

景物描写,是指对自然环境和社会环境中的风景、物体的描写。景物描写主要是为了显示人物活动的环境,使读者身临其境。本书针对学生如何提高景物描写类作文写作水平进行了系统而深入的分析和探讨,并给予了切实的指导,对中小学生颇有启发意义。本书除了提供各种作文的方法外,还提供了大量的好词、好段、好句供广大学生作文时参考借鉴,因此具有很强的系统性、实用性、实践性和指导性。

17.《静态写作指导》

在写物的静态时,我们要尽量去发掘这一静物的动态。如果我们要状写这些不可能有动态的物,那么,我们要去发现他们的质感和有活力的部分。如果我们抓住这些来写,那么,那些静静躺在盘子里,平平睡在盒子里的东西也会生出许多引人的魅力来。总之,我们写物的静态时,要尽量找些鲜活的因素来描上几笔,而且,这几笔往往是最最传神的。本书针对学生如何提高静态描写类作文写作水平进行了系统而深入的分析和探讨,并给予了切实的指导,对中小学生颇有启发意义。

18.《状物写作指导》

状物类作文,以"物"为描述的中心和文章的线索,或寓情于物,或托物言志,融知识性与趣味性于一体,表达文章的题旨。这是学生喜闻乐见的一种写作形式。因此,加强状物类作文的指导,既是学生的一种心理需求,也是新的课程标准的目标之一。本书针对学生如何提高状物类作文写作水平进行了系统而深入的分析和探讨,并给予了切实的指导,对中小学生颇有启发意义。

19.《抒情写作指导》

写抒情散文,重在"情"字。一篇文章要打动读者的感情,作者首先要自己动感情,把感情融注到字里行间。作家魏巍说过:"写好一篇东西,能打动人心,就要把心捧给读者。"把心捧给读者,就是要吐真情,有真意,让情真意切的行文去感动读者。本书针对学生如何提高抒情散文写作水平进行了系统而深入的分析和探讨,并给予了切实的指导,对中小学生颇有启发意义。

20.《话题写作指导》

要想写好话题作文,除了审题命题外,要注意选择自己最熟悉的事情,用自己真实的感情,另外还要选择自己应用得最拿手的文体,需要注意的是,话题作文也要注意体裁的确定,虽然作文的要求是让你自由选择文体,但是你一旦选择了某种文体,就一定要体现这种文体的特点,切不可写成四不象的作文来。总之,话题作文的写作给了你发挥自己写作优势的天地,只要选择自己最擅长的去写,你就会取得不错的成绩。本书针对学生如何提高话题作文写作水平进行了系统而深入的分析和探讨,并给予了切实的指导,对中小学生颇有启发意义。

由于时间、经验的关系,本书在编写等方面,必定存在不足和错误之处,衷心希望各界读者、一线教师及教育界人士批评指正。

编者

目　录

2

第一章

抒情描写写作指导

1. 什么叫抒情描写

　　"文章不是无情物"，"情者文之经"。写作离不开抒情，抒情是一种重要的表达技法。抒情的作用在于以情感人，即通过自己抒发的感情来激起读者感情上的共鸣。前人十分强调抒情在写作中的作用，如刘勰说："繁采寡情，味之必厌"。

　　抒情，就是对主观感情的抒发和表达。抒情文则是以情感的抒写作为主要写作目的的文章。抒情是一种重要的写作手法，抒情文也是重要的散文形式之一。

2. 抒情描写的种类

(1) 直接抒情

　　写作者不借用其他方式而直接地倾吐胸中的感情，也称为"直抒胸臆"。在现代诗文中，有许多直接抒情的佳作。

　　例如秦牧在《土地》的结尾写道：

　　　　让我们捧起一把泥土来仔细端详吧！这是我们的土地呵！怎样保卫每一寸的土地呢？怎样使每一寸土地都发挥它的巨大的潜力，一天天更加美好起来呢？党正在领导和率领着我们前进。青春的大地也好像发出巨大的声音，要求每一个中国人民都作出回答。

再如赵恺的诗《我爱》中的诗句：

> 我爱我柳枝削成的第一枚教鞭，/我爱乡村小学泥垒的桌椅。/我爱篮球，它是我青春的形体。/我爱邮递员，我绿色的爱情在他绿色的邮包中栖息。

写作者不是直接出来抒发对人物、事物的感情，而是在叙述、描写和议论中渗透自己的强烈感情，或者借人物之口来抒发自己的感情。

（2）间接抒情

通过叙述抒情：这是一种寓情于事的抒情方法，称为叙述性抒情。其特点是用充满感情的笔调进行叙述。

通过描写抒情：这是在描写人物尤其是描写景物时进行抒情的方法，可称为描写性抒情。写作时须把感情倾注、融会在描写之中，使描写带有鲜明的感情色彩。

通过议论抒情：这是一种附情于理的抒情方法，可称为议论性抒情。运用这种抒情方法，应注意它与一般议论有所不同，这里的议论只是抒情的手段，是为抒情服务的。在写作时，不需要交代论据，也不必进行论证，只要用饱蘸浓郁感情的语言来议论人物、事物、景物，就可达到通过议论进行抒情的目的。

抒情的方法是受抒情的方式影响或决定的，而抒情的方式、方法则又是受抒情的内容影响或决定的。也就是说，必须根据所抒之情确定抒情之法。

叶圣陶在《作文论》中指出："抒情的工作，实在是把境界、事物、思想、推断等等，凡是用得到的足以表出一种情感的——抽出来，融会混合，依着情感的波澜起伏，组成一件新的东西，可见这是一种创造。但从另一方面讲，工具必取之于客观，组织又合于人类心情之

自然，可见这不尽是创造，也含着摹写的意味。"

一般来说，直接抒情多与写人、记事、写景、状物结合使用，在这些写作的基础上，画龙点睛或是点明题意。直接抒情还经常用于作者感受最深刻、感情最强烈的地方，以精练的语言表达浓郁的感情和强烈的感染力。间接抒情因其表现手法的多样和含蓄，运用也比直接抒情要广泛。但在大多情况下，两者是结合使用的，在间接抒情的基础上，以直接抒情点题或是升华情感，效果往往不错。

3. 抒情描写的方法

（1）借景抒情法

借景抒情又称寓情于景，是指作者带着强烈的主观感情去描写客观景物，通过景物来抒情。它的特点是"景生情，情生景"，情景交融，浑然一体。在文章中只写景，不直接抒情，以景物描写代替感情抒发，也就是王国维说的"一切景语皆情语"。

如杜甫的《春望》：

"国破山河在，城春草木深，感时花溅泪，恨别鸟惊心。"诗人通过对花鸟草木的描写来抒发亡国的忧愤、离散的感伤。在写作中，抒情而不直写情，绘景而不止写景，借景抒情，情以景兴，能使文章含而不露，蕴藉悠远，情丰意密，深切动人。

（2）触景生情法

触景生情，是指触及外界景物而引起情思，发为感叹述怀的方法。

这种方法可以先写景，再抒情；也可以先抒发对景物的感受，然后再描写景物；还可以把二者交织起来，一边写景，一边抒情。写景是为了抒情，笔在写景，却应当"字字关情"。

如刘白羽的《急流》就是一篇运用触景生情法的佳作。文章的前一部分主要是写景，作者首先是描写闽江江水的绿，再写江中急流的险，然后笔锋一转，重点描写急流中的飞舟。写"绿"，写"急流"，写"飞舟"，都是为写船上的勇士作铺垫。面对这幅急流飞舟、惊心动魄的画面，作者触景生情：在那紧急关头，是急流勇进，还是急流勇退呢？结论是只能前进，不能后退，因为"只要你稍微一怯弱，一动摇，那船便会撞碎在尖厉的岩石上"。

作者抒发了不畏艰难险阻，急流勇进，知难而上的革命情怀，情从景出，扣人心弦。

（3）咏物寓情法

咏物寓情，是通过描写客观事物来表达自己思想感情的一种表现手法。咏物寓情的关键在于"寓"。它的特点是，只描写物象，不直接抒情，作者将所要表达的思想感情寄寓在对物象的具体描绘之中，通过比喻、拟人、象征等方式，委婉曲折地表现作者的思想感情。如流沙河的《藤》，就是运用了咏物寓情的手法：

> 他纠缠着丁香，往上爬，爬，爬，……终于把花挂上树梢。丁香被缠死了，砍作柴烧了。他倒在地上，喘着气，窥视着另一株树……

这里写的是"藤"，但影射的是那种趋炎附势、踩着别人的肩膀向上爬的人。作者把自己对这种政治投机商的愤恨与蔑视的感情，寄寓在对"藤"的物性的描写之中，达到了形象性与抒情性的高度和谐

与统一。咏物寓情，将思想感情化作生动的形象和具体的画面，不仅使读者在潜移默化中接受作者的思想观点，而且文章也因此而显示出情意深邃、韵味隽永的艺术魅力。

（4）咏物言志法

咏物言志，是指有感于外物而述志抒怀的方法。它与咏物寓情的区别是：咏物寓情只状物，不直接抒情；以状物代替抒情；咏物言志既状写事物，也直接抒怀，因物生情，有感而发。

如许地山的《落花生》就是咏物言志之作。文章首先"咏物"，描写花生的可贵品质："它只把果实埋在地底，等到成熟，才容人把它拔出来。"然后"言志"，说明做人的道理：要做有用的人，不能做表面好看而对别人没有益处的人。咏物言志，既有物象，又有情志，情志因物象而显得具体，物象因情志而饶有韵味。二者相融相汇，相映生辉。

（5）直抒胸臆法

直抒胸臆，就是作者或作品中的人物，不借助于任何别的手段，直接地表白和倾吐自己的思想感情，以感染读者，引起共鸣。直抒胸臆的特点是：不要任何"附着物"，而是思想感情直截了当地宣泄；不讲究含蓄委婉，而是思想感情毫无遮掩地袒露。这种直陈肺腑的抒情方式，往往显得坦率真挚，朴质诚恳，很能打动人心。如魏巍《谁是最可爱的人》，在介绍志愿军战士的几个英雄事例后，写下了这样一段抒情文字：

朋友们，用不着多举例。你已经可以了解我们的战士是怎样的一种人，这种人是什么一种品质，他们的灵魂是多么美丽和宽广。他们是历史上、世界上第一流的战士，第一流的人！他们是世界上一切伟大人民的优秀之花！是我们值得

骄傲的祖国之花！我们以我们的祖国有这样的英雄而骄傲，我们以生在这个英雄的国度而自豪！

作者饱含深情，直抒胸臆，表达了对志愿军战士的无比崇敬和热爱之情。

(6) 融情于事法

融情于事，指通过叙述事件来抒发感情，让感情从具体事件的叙述中自然地流露出来，感染读者。这种渗透着感情的叙述，读者品味起来就更觉得真诚可亲。如朱自清的《背影》，写父亲给儿子道别时买橘子的那一段叙述文字，情真意切，感人至深。

> 我看见他戴着黑布小帽，穿着黑布大马褂，深青布棉袍，蹒跚地走到铁道边，慢慢探身下去，尚不大难。可是他穿过铁道，要爬上那边月台，就不容易了。他用两手攀着上面，两脚再向上缩；他肥胖的身子向左微倾，显出努力的样子。这时我看见他的背影，我的泪很快地流下来了。

这一段叙述文字，朴实无华，把慈父的爱子之情和儿子对父亲的感激之情表达得淋漓尽致。

(7) 融情于理法

融情于理，就是把感情寄寓在说理之中，理中含情，既可以使情具有深度、厚度，又可以使理闪烁出充满个性色彩的情思，拨动人的心弦。如林觉民的《与妻书》就是一篇融情于理的美文。为了向妻子最后一次表白自己的心志和爱憎，作者并非情意缠绵，泪语柔情，而是以理代情：

吾至爱汝，即此爱汝一念，使吾勇于就死也……助天下人爱其所爱，所以敢先汝而死，不顾汝也。汝体吾此心，于啼泣之余，亦以天下人为念，当亦乐牺牲吾身与汝身之福利，为天下人谋永福也。汝其勿悲！

作者将爱妻之情与"勇于就死"之理熔为一炉，以含情之笔说理，以明理之言诉情，感人肺腑，催人泪下。

4. 抒情写作的技巧

(1) 感叹法

就是要想方设法把各种抽象的感情，如"喜、怒、哀、乐"、"阴、晴、圆、缺"等，透过文字的修辞，转变成具体的印象，才能使读者产生"感同身受"的共鸣。如在《我是一只渴望飞翔的鸟》中有这样一段描写：

相信我们吧！外面的风再狂雨再大，我们有顽强的毅力，也阻止不了我们前进的步伐；山再高水再深，我们有坚定的信念，也浇灭不了我们斗争的火焰！

不管距离我能够飞翔还有多长时间，我仍不会灰心，因为我是一只渴望飞翔的小鸟。

作者通过抒情真诚地呼唤，渴望理解，追求自由，给人留下深刻的印象，实际也是对当今的家庭教育进行剖析，提出了一个值得关注与思考的问题。

（2）直陈法

就是把自己的情感或利用文字或举出事例说明，直接说出来传达给读者。在《攀登改变了我》中有这样一段描写：

> 父亲让我看绝壁劲松，它们都是在最艰苦的地方生根发芽，长大成才，有时只是一棵，独立在悬崖绝壁之中，却粗大无比，笔直地伸向空中，决不旁鹜，我顿时明白了父亲的良苦用心。攀登，我征服了高山！更征服了自己！

> 如今，我坐在考场，接受人生又一次巨大的考验，胸前，父亲送我的小鹰振翅欲飞，我又想起那难忘的经历，那次攀登高山的经历改变了我！

> 现在，是另一种攀登，别一种挑战，我将沉着应对，鹰击长空酬壮志，翱翔天宇振翅飞！

作者通过攀登大山的体验告诉我们，要敢于挑战自我，并举出事例，这场中考也是一次攀登的体验，直接把感受传达给读者。

（3）比喻法

"比喻法"或"比拟法"就是用"好像、仿佛、似的、犹如"等词，或举读者熟悉的人、事、物、例子，或"借物比我"，或"以我比物"的方法来传达、衬托自己的情绪和感情，以加深读者的印象。

> 如：有时候，一滴水就是一片海，一片树叶就是一个春天，一段故事就是一段人生，我在一则故事里受到了启发，它让我更爱我的亲爱的妈妈。（《那一次，我很受启发》）

通过比喻抒发了妈妈对"我"的爱以及"我"对妈妈的理解。

(4) 衬托法

就是借描写周围的景物制造出某种气氛，来衬托作者情感，使读者有更深刻、更强烈的感受。在《你还会浮躁吗》中有这样一段描写：

如：江南细雨夜，手捧一壶香茶，听窗外雨声滴滴答答；阅手中万卷诗集，品古今文人墨客，各领风骚。于是斜风细雨不需归，一切都悠悠然地安静下来。你还会浮躁吗？

这里通过描写雨夜品茶听雨，阅诗品文，抒发了书籍对人的感化作用。

总之，抒情的技巧很多。只要我们在写作时，有意识地运用，就能使文章具体、真挚感人。

5. 抒情写作的要求

(1) 要以叙述为基础

感情的抒发，不是凭空而来的，它必须以客观事物为依据，所以，常常是先叙述某件事，描写某个景物，作为铺垫，然后再把强烈的感情抒发出来。但不管是在篇首、篇中还是篇末抒情，是直接抒情还是间接抒情，都必须以叙述为基础，使抒情和叙述、描写有机结合，相辅相成，相得益彰。

(2) 要和主题相一致

抒情只是一种手段，为表现主题服务，才是抒情的根本目的，所以，抒情必须和主题相一致，不能背离主题。如果认为多一些抒情因素，会增加文章的感情色彩，就为文而造情，必然会使抒情游离于主题之外，这种节外生情，必然会使抒情流于空泛。写文章的目的在于感染人、激励人、教育人，所以，文章的思想性和作者的主观感情是相一致的。符合主题需要的积极健康的感情抒发得越充分，文章的思想性也就越突出、越有感召力，这样的抒情，才能为表现主题服务。

（3）要注意感情的丰富性、复杂性

人的内心世界是十分丰富的、复杂的。在人的丰富、复杂的感情中，有的高尚，有的卑微，有的较单纯，有的较复杂。就具体感情而言，在一般情况下，不同的人的感情，有不同的主导方面，或以喜为主，或以悲为主，或以爱为主，或以恨为主，或以善为主，或以恶为主，并在一定条件下互相转化，不是简单化、绝对化的。要注意感情的丰富性、复杂性和多样化，不能把抒情简单化、公式化、概念化。只有不把抒情简单化、公式化、概念化，才能更好地揭示人物的内心世界，更充分地表现主题。

（4）感情要真挚、健康

文贵情真。抒情要发自内心，要自然地流露出来，这样的感情才是真挚的，才有感染力。但并不是说一切真情实感都是好的。"世界上没有无缘无故的爱，也没有无缘无故的恨。"同是从胸臆中流出来的感情，还有个进步与落后，奋发向上与消沉颓废的差别。在文章中的抒情，不但是真挚自然的，而且要积极、健康。这是不能忽视的。

6. 抒情写作的注意事项

(1) 抒发健康的、高尚的情感

写作时，我们要抒爱国主义之情，抒社会主义之情，反对抒发低级的、颓废的和庸俗的感情。

感情要健康、真挚，古人云："情贵乎真。"只有表达健康、真挚的感情，文章才能感动人。如果感情虚假、无病呻吟，甚至有低级趣味，那么即使文章运用再多的优美词语，也只是表面华丽，实则没有感人的力量。至于矫揉造作地堆砌一些所谓抒情性的语句，或有不健康的情调，不但不能引起读者的共鸣，反而会使人感到厌烦。

(2) 抒发真挚的实在的情感

孔子说："情欲信，辞欲巧。"信，就是真实；写作要抒发真情实感，因为"不精不诚，不能感人。故强哭者虽悲不哀，强怒者虽威不严。"我们必须在真实的写作中杜绝虚情假意，无病呻吟。也不能故作多情，为文造情。

抒情要自然、真切。抒发自己的感情，就要说自己心里想说的话，即心中怎样想就怎样写，有什么感受就写什么感受，让感情在文中自然地流露出来。这样，文章才能避免矫揉造作，读后使人感到清新、自然。

(3) 抒情要讲究方式、方法

在写作时，应根据主题表达的需要，认真斟酌、选择抒情方式、方法，重视抒情技巧。

会运用直接抒情和间接抒情。直接抒情就是在作者情之所至之时直抒胸臆。它以叙事、记人、写景、状物为基础，根据文章内容的需

要灵活使用，往往用在作者感受最深、感情最强烈的地方，语言要精练，并往往蕴含着生活的哲理，旨在深化中心，增强文章的感染力。

间接抒情是借助文中的叙述、描写和议论做媒介来抒发感情。因依附的事物不同，具体表现形式也有差异，或依附于人，写人为抒情服务，人物形象不求完整，有时只写几个片段，借以抒发作者的感情，如朱自清的《背影》；或依附于事，把浓郁的情感熔铸在事件的记叙中，如刘绍棠的《暮春》；或依附于景，通过景物的描写来抒情，情景交融，如宗璞的《西湖的绿》、朱自清的《春》；或依附于物，通过对某种物体的叙写来抒情，即托物抒情，如茅盾的《白杨礼赞》、郑振铎的《海燕》，等等。间接抒情比直接抒情运用得普遍、广泛，效果也比直接抒情好。但是，为了更好地表情达意，最好在文中把这两种方式有机地结合起来使用。

（4）抒情应充分利用修辞手法

文采，不在于文字的花哨和刻意雕饰，而在于表情达意，朴实真挚。如堆砌词藻，就像爱美而又不善于打扮的女人一样，以为涂脂抹粉，越浓越好，花花绿绿，越艳越好，其实俗不可耐，令人见了皱眉。

抒情写作，要有特别敏锐的眼光和洞察力，能看到和发现别人所没有看到的事物，还需有异常严密而深厚的文字功夫。写作时，不能心浮气躁，要静下心来，挖空心思找到准确的词句，并把它们排列得能用很少的话表达较多的意思。这就是古人所说的"言简意繁"。要使语言能表现出一幅生动的画面，简洁地描绘出人物的音容笑貌和主要特征，让读者一下子就牢牢记住被描写人物的动作、形态和语气。

语言的朴素美，并不排斥华丽美，两者是相对成立的。在散文作品里，我们往往看到朴素和华丽两副笔墨并用。该浓墨重彩的地方，尽意渲染，如天边锦缎般的晚霞；该朴素的地方，轻描淡写，似清澈小溪涓涓流淌。朴素有如美女的"淡扫蛾眉"，华丽亦非丽词艳句的

堆砌，而是精巧的艺术加工，不着斧凿的痕迹。但不论是朴素还是华丽，若不附属于真挚感情和崇高思想的美，就易于像无限的浮萍，变得苍白无力，流于玩弄技巧的文字游戏。

像生活的海洋一样，语言的海洋也是辽阔无边的。行文潇洒，不拘一格，鲜活的文气，新颖的语言，巧妙的比喻，迷人的情韵，精彩的叠句，智慧的警语，优美的排比，隽永的格言，风趣的谚语，机智的幽默，含蓄的寓意，多种多样艺术技巧的自如运用，将使创作越发清新隽永，光彩照人。

第二章

抒情描写范文阅读

1. 希望

◉ 鲁　迅

我的心分外地寂寞。

然而我的心很平安：没有爱憎，没有哀乐，也没有颜色和声音。

我大概老了。我的头发已经苍白，不是很明白的事么？我的手颤抖着，不是很明白的事么？那么，我的魂灵的手一定也颤抖着，头发也一定苍白了。然而这是许多年前的事了。

这以前，我的心也曾充满过血腥的歌声：血和铁，火焰和毒，恢复和报仇。而忽而这些都空虚了，但有时故意地填以没奈何的自欺的希望。希望，希望，用这希望的盾，抗拒那空虚中的暗夜的袭来，虽然盾后面也依然是空虚中的暗夜。然而就是如此，陆续地耗尽了我的青春。

我早先岂不知我的青春已经逝去了？但以为身外的青春固在：星，月光，僵坠的蝴蝶，暗中的花，猫头鹰的不祥之言，杜鹃的啼血，笑的渺茫，爱的翔舞……虽然是悲凉飘渺的青春罢，然而究竟是青春。

然而现在何以如此寂寞？难道连身外的青春也都逝去，世上的青年也多衰老了么？

我只得由我来肉薄这空虚中的暗夜了。我放下了希望之盾，我听到 Petŏfi　Sándor（*1823～1849*）的"希望"之歌：

希望是甚么？是娼妓：

她对谁都蛊惑，将一切都献给；

16

待你牺牲了极多的宝贝——

你的青春——她就弃掉你。

这伟大的抒情诗人，匈牙利的爱国者，为了祖国而死在可萨克兵的矛尖上，已经七十五年了。悲哉死也，然而更可悲的是他的诗至今没有死。

但是，可惨的人生！桀骜英勇如 Petöfi，也终于对了暗夜止步，回顾着茫茫的东方了。他说：

绝望之为虚妄，正与希望相同。

倘使我还得偷生在不明不暗的这"虚妄"中，我就还要寻求那逝去的悲凉飘渺的青春，但不妨在我的身外。因为身外的青春倘一消灭，我身中的迟暮也即凋零了。

然而现在没有星和月光，没有僵坠的蝴蝶以至笑的渺茫，爱的翔舞。然而青年们很平安。

我只得由我来肉薄这空虚中的暗夜了，纵使寻不到身外的青春，也总得自己来一掷我身中的迟暮。但暗夜又在哪里呢？现在没有星，没有月光以至笑的渺茫和爱的翔舞；青年们很平安，而我的面前又竟至于并且没有真的暗夜。

绝望之为虚妄，正与希望相同！

一九二五年一月一日

（本篇最初发表于一九二五年一月十九日《语丝》周刊第十期）

2. 淡淡的血痕中

● 鲁 迅

——记念几个死者和生者和未生者

目前的造物主，还是一个怯弱者。

他暗暗地使天变地异，却不敢毁灭一个这地球；暗暗地使生物衰亡，却不敢长存一切尸体；暗暗地使人类流血，却不敢使血色永远鲜浓；暗暗地使人类受苦，却不敢使人类永远记得。

他专为他的同类——人类中的怯弱者——设想，用废墟荒坟来衬托华屋，用时光来冲淡苦痛和血痕；日日斟出一杯微甘的苦酒，不太少，不太多，以能微醉为度，递给人间，使饮者可以哭，可以歌，也如醒，也如醉，若有知，若无知，也欲死，也欲生。他必须使一切也欲生；他还没有灭尽人类的勇气。

几片废墟和几个荒坟散在地上，映以淡淡的血痕，人们都在其间咀嚼着人我的渺茫的悲苦。但是不肯吐弃，以为究竟胜于空虚，各各自称为"天之僇民"，以作咀嚼着人我的渺茫的悲苦的辩解，而且悚息着静待新的悲苦的到来。新的，这就使他们恐惧，而又渴欲相遇。

这都是造物主的良民。他就需要这样。

叛逆的猛士出于人间；他屹立着，洞见一切已改和现有的废墟和荒坟，记得一切深广和久远的苦痛，正视一切重叠淤积的凝血，深知

18

一切已死，方生，将生和未生。他看透了造化的把戏；他将要起来使人类苏生，或者使人类灭尽，这些造物主的良民们。

造物主，怯弱者，羞惭了，于是伏藏。天地在猛士的眼中于是变色。

一九二六年四月八日

（本篇最初发表于一九二六年四月十九日《语丝》周刊第七十五期）

3. 死火

◉ 鲁 迅

我梦见自己在冰山间奔驰。

这是高大的冰山，上接冰天，天上冻云弥漫，片片如鱼鳞模样。山麓有冰树林，枝叶都如松杉。一切冰冷，一切青白。

但我忽然坠在冰谷中。

上下四旁无不冰冷，青白。而一切青白冰上，却有红影无数，纠结如珊瑚网。我俯看脚下，有火焰在。

这是死火。有炎炎的形，但毫不摇动，全体冰结，像珊瑚枝；尖端还有凝固的黑烟，疑这才从火宅中出，所以枯焦。这样，映在冰的四壁，而且互相反映，化为无量数影，使这冰谷，成红珊瑚色。

哈哈！

当我幼小的时候，本就爱看快舰激起的浪花，洪炉喷出的烈焰。

不但爱看，还想看清。可惜他们都息息变幻，永无定形。虽然凝视又凝视，总不留下怎样一定的迹象。

死的火焰，现在先得到了你了！

我拾起死火，正要细看，那冷气已使我的指头焦灼；但是，我还熬着，将他塞入衣袋中间。冰谷四面，登时完全青白。我一面思索着走出冰谷的法子。

我的身上喷出一缕黑烟，上升如铁线蛇。冰谷四面，又登时满有红焰流动，如大火聚，将我包围。我低头一看，死火已经燃烧，烧穿了我的衣裳，流在冰地上了。

"唉，朋友！你用了你的温热，将我惊醒了。"他说。

我连忙和他招呼，问他名姓。

"我原先被人遗弃在冰谷中，"他答非所问地说，"遗弃我的早已灭亡，消尽了。我也被冰冻冻得要死。倘使你不给我温热，使我重新烧起，我不久就须灭亡。"

"你的醒来，使我欢喜。我正在想着走出冰谷的方法；我愿意携带你去，使你永不冰结，永得燃烧。"

"唉唉！那么，我将烧完！"

"你的烧完，使我惋惜。我便将你留下，仍在这里罢。"

"唉唉！那么，我将冻灭了！"

"那么，怎么办呢？"

"但你自己，又怎么办呢？"他反而问。

"我说过了：我要出这冰谷……。"

"那我就不如烧完！"

他忽而跃起，如红彗星，并我都出冰谷口外。有大石车突然驰来，我终于碾死在车轮底下，但我还来得及看见那车就坠入冰谷中。

"哈哈！你们是再也遇不着死火了！"我得意地笑着说，仿佛就愿

意这样似的。

一九二五年四月二十三日

（本篇最初发表于一九二五年五月四日《语丝》周刊第二十五期）

4. 夜颂

● 鲁 迅

爱夜的人，也不但是孤独者，有闲者，不能战斗者，怕光明者。

人的言行，在白天和在深夜，在日下和在灯前，常常显得两样。夜是造化所织的幽玄的天衣，普覆一切人，使他们温暖，安心，不知不觉的自己渐渐脱去人造的面具和衣裳，赤条条地裹在这无边际的黑絮似的大块里。

虽然是夜，但也有明暗。有微明，有昏暗，有伸手不见掌，有漆黑一团糟。爱夜的人要有听夜的耳朵和看夜的眼睛，自在暗中，看一切暗。君子们从电灯下走入暗室中，伸开了他的懒腰；爱侣们从月光下走进树阴里，突变了他的眼色。夜的降临，抹杀了一切文人学士们。当光天化日之下，写在耀眼的白纸上的超然，混然，恍然，勃然，粲然的文章，只剩下乞怜，讨好，撒谎，骗人，吹牛，捣鬼的夜气，形成一个灿烂的金色的光圈，像见于佛画上面似的，笼罩在学识不凡的头脑上。

爱夜的人于是领受了夜所给与的光明。

高跟鞋的摩登女郎在马路边的电光灯下，阁阁的走得很起劲，但

鼻尖也闪烁着一点油汗,在证明她是初学的时髦,假如长在明晃晃的照耀中,将使她碰着"没落"的命运。一大排关着的店铺的昏暗助她一臂之力,使她放缓开足的马力,吐一口气,这时之觉得沁人心脾的夜里的拂拂的凉风。

爱夜的人和摩登女郎,于是同时领受了夜所给与的恩惠。

一夜已尽,人们又小心翼翼的起来,出来了;便是夫妇们,面目和五六点钟之前也何其两样。从此就是热闹,喧嚣。而高墙后面,大厦中间,深闺里,黑狱里,客室里,秘密机关里,却依然弥漫着惊人的真的太黑暗。

现在的光天化日,熙来攘往,就是这黑暗的装饰,是人肉酱缸上的金盖,是鬼脸上的雪花膏。只有夜还算是诚实的。我爱夜,在夜间作《夜颂》。

六月八日

(本篇最初发表于一九三三年六月十日《申报·自由谈》)

5. 从幽默到正经

◉ 鲁 迅

"幽默"一倾于讽刺,失了它的本领且不说,最可怕的是有些人又要来"讽刺",来陷害了,倘若堕于"说笑话",则寿命是可以较为长远,流年也大致顺利的,但愈堕愈近于国货,终将成为洋式徐文长。

当提倡国货声中，广告上已有中国的"自造舶来品"，便是一个证据。

而况我实在恐怕法律上不久也就要有规定国民必须哭丧着脸的明文了。笑笑，原也不能算"非法"的。但不幸东省沦陷，举国骚然，爱国之士竭力搜索失地的原因，结果发见了其一是在青年的爱玩乐，学跳舞。当北海上正在嘻嘻哈哈的溜冰的时候，一个大炸弹抛下来，虽然没有伤人，冰却已经炸了一个大窟窿，不能溜之大吉了。

又不幸而榆关失守，热河吃紧了，有名的文人学士，也就更加吃紧起来，做挽歌的也有，做战歌的也有，讲文德的也有，骂人固然可恶，俏皮也不文明，要大家做正经文章，装正经脸孔，以补"不抵抗主义"之不足。

但人类究竟不能这么沉静，当大敌压境之际，手无寸铁，杀不得敌人，而心里却总是愤怒的，于是他就不免寻求敌人的替代。这时候，笑嘻嘻的可就遭殃了，因为他这时便被叫作："陈叔宝全无心肝"。所以知机的人，必须也和大家一样哭丧着脸，以免于难。"聪明人不吃眼前亏"，亦古贤之遗教也，然而这时也就"幽默"归天，"正经"统一了剩下的全中国。

明白这一节，我们就知道先前为什么无论贞女与淫女，见人时都得不笑不言；现在为什么送葬的女人，无论悲哀与否，在路上定要放声大叫。

这就是"正经"。说出来么，那就是"刻毒"。

三月二日

（本篇最初发表于一九三三年三月八日《申报·自由谈》，署名何家干）

6. 烽话五则

◉ 鲁　迅

父子们冲突着。但倘用神通将他们的年纪变成约略相同，便立刻可以像一对志同道合的好朋友。

伶俐人叹"人心不古"时，大抵是他的巧计失败了；但老太爷叹"人心不古"时，则无非因为受了儿子或姨太太的气。

电报曰：天祸中国。天曰：委实冤枉！

精神文明人作飞机论曰：较之灵魂之自在游行，一钱不值矣。写完，遂率家眷移入东交民巷使馆界。

倘诗人睡在烽火旁边，听得烘烘地响时，则烽火就是听觉。但此说近于味觉，因为太无味。然而无为即无不为，则无味自然就是至味了。对不对？

（本篇最初发表于一九二四年十一月二十四日《语丝》周刊第二期）

7. 失掉的好地狱

◉ 鲁　迅

我梦见自己躺在床上，在荒寒的野外，地狱的旁边。一切鬼魂们的叫唤无不低微，然有秩序，与火焰的怒吼，油的沸腾，钢叉的震颤

相和鸣，造成醉心的大乐，布告三界：地下太平。

有一伟大的男子站在我面前，美丽，慈悲，遍身有大光辉，然而我知道他是魔鬼。

"一切都已完结，一切都已完结！可怜的鬼魂们将那好的地狱失掉了！"他悲愤地说，于是坐下，讲给我一个他所知道的故事——

"天地作蜂蜜色的时候，就是魔鬼战胜天神，掌握了主宰一切的大威权的时候。他收得天国，收得人间，也收得地狱。他于是亲临地狱，坐在中央，遍身发大光辉，照见一切鬼众。

"地狱原已废弛得很久了：剑树消却光芒；沸油的边际早不腾涌；大火聚有时不过冒些青烟，远处还萌生曼陀罗花，花极细小，惨白可怜。——那是不足为奇的，因为地上曾经大被焚烧，自然失了他的肥沃。

"鬼魂们在冷油温火里醒来，从魔鬼的光辉中看见地狱小花，惨白可怜，被大蛊惑，倏忽间记起人世，默想至不知几多年，遂同时向着人间，发一声反狱的绝叫。

"人类便应声而起，仗义执言，与魔鬼战斗。战声遍满三界，远过雷霆。终于运大谋略，布大网罗，使魔鬼并且不得不从地狱出走。最后的胜利，是地狱门上也竖了人类的旌旗！

"当鬼魂们一齐欢呼时，人类的整饬地狱使者已临地狱，坐在中央，用了人类的威严，叱咤一切鬼众。

"当鬼魂们又发一声反狱的绝叫时，即已成为人类的叛徒，得到永劫沉沦的罚，迁入剑树林的中央。

"人类于是完全掌握了主宰地狱的大威权，那威权且在魔鬼以上。人类于是整顿废弛，先给牛首阿旁以最高的俸草；而且，添薪加火，磨砺刀山，使地狱全体改观，一洗先前颓废的气象。

"曼陀罗花立即焦枯了。油一样沸；刀一样铦；火一样热；鬼众

一样呻吟，一样婉转，至于都不暇记起失掉的好地狱。

"这是人类的成功，是鬼魂的不幸……。

"朋友，你在猜疑我了。是的，你是人！我且去寻野兽和恶鬼……。"

一九二五年六月十六日

（本篇最初发表于一九二五年六月二十二日《语丝》周刊第三十二期）

8. 我的梦，我的青春！

◉ 郁达夫

不晓得是在哪一本俄国作家的作品里，曾经看到过一段写一个小村落的文字，他说："譬如有许多纸折起来的房子，摆在一段高的地方，被大风一吹，这些房子就歪歪斜斜地飞落到了谷里，紧挤在一道了。"前面有一条富春江绕着，东西北的三面尽是些小山包住的富阳县城，也的确可以借了这一段文字来形容。

虽则是一个行政中心的县城，可是人家不满三千，商店不过百数。一般居民，全不晓得做什么手工业，或其他新式的生产事业，所靠以度日的，有几家自然是祖遗的一点田产，有几家则专以小房子出租，在吃两元三元一月的租金；而大多数的百姓，却还是既无恒产，又无恒业，没有目的，没有计划，只同蟑螂似地在那里出生，死亡，繁殖下去。

这些蟑螂的密集之区，总不外乎两处地方：一处是三个铜子一碗的茶店，一处是六个铜子一碗的小酒馆。他们在那里从早晨坐起，一直可以坐到晚上上排门的时候；讨论柴米油盐的价格，传播东邻西舍的新闻，为了一点不相干的细事，譬如说罢，甲以为李德泰的煤油只卖三个铜子一提，乙以为是五个铜子两提的话，双方就会得争论起来；此外的人，也马上分成甲党或提出证据，互相论辩；弄到后来，也许相打起来，打得头破血流，还不能够解决。

因此，在这么小的一个县城里，茶店酒馆，竟也有五六十家之多；于是大部分的蟑螂，就家里可以不备面盆手巾、桌椅板凳、饭锅碗筷等日常用具，而悠悠地生活过去了。离我们家里不远的大江边上，就有这样的两处蟑螂之窝。

在我们的左面，住有一家砍砍柴，卖卖菜，人家死人或娶亲，去帮帮忙跑跑腿的人家。他们的一族，男女老小的人数很多很多，而住的那一间屋，却只比牛栏马槽大了一点。他们家里的顶小的一位苗裔年纪比我大一岁，名字叫阿千，冬天穿的是同伞似的一堆破絮，夏天，大半身是光光地裸着的；因而皮肤黝黑，臂膀粗大，脸上也象是生落地之后，只洗了一次的样子。他虽只比我大了一岁，但是跟了他们屋里的大人，茶店酒馆日日去上，婚丧的人家，也老在进出；打起架吵起嘴来，尤其勇猛。我每天见他从我们的门口走过，心里老在羡慕，以为他又上茶店酒馆去了，我要到什么时候，才可以同他一样的和大人去夹在一道呢！而他的出去和回来，不管是在清早或深夜，我总没有一次不注意到的，因为他的喉音很大，有时候一边走着，一边在绝叫着和大人谈天，若只他一个人的时候哩，总在噜苏地唱戏。

当一天的工作完了，他跟了他们家里的大人，一道酒店去的时候，看见我欣羡地立在门口，他原也曾邀约过我；但一则怕母亲要骂，二则胆子终于太小，经不起那些大人的盘问笑说，我总是微笑着摇摇头，就跑进屋里去躲开了，为的是上茶酒店去的诱惑性，实在强不过。

有一个春天的早晨，母亲上父亲的坟头去扫墓去了，祖母也一侵早上了一座远在三四里路外的庙里去念佛。翠花在灶下收拾早餐的碗筷，我只一个人立在门口，看有淡云浮着的青天。忽而阿千唱着戏，背着钩刀和小扁担绳索之类，从他的家里出来，看了我的那种没精打采的神气，他就立了下来和我谈天，并且说："鹳山后面的盘龙山上，映山红开得多着哩；并且还有乌米饭（是一种小黑果子），彤管子（也是一种刺果），刺莓等等，你跟了我来罢，我可以采一大堆给你。你们奶奶，不也在北面山脚下的真觉寺里念佛么？等我砍好了柴，我就可以送你上寺里去吃饭去。"

阿千本来是我所崇拜的英雄，而这一回又只有他一个人去砍柴，天气那么的好。今天侵早祖母出去念佛的时候，我本是嚷着要同去的，但她因为怕我走不动，就把我留下了。现在一听到了这一个提议，自然是心里急跳了起来，两只脚便也很轻松地跟他出发了，并且还只怕翠花要出来阻挠，跑路跑得比平时只有得快些。出了弄堂，向东沿着江，一口气跑出了县城之后，天地宽广起来了，我的对于这一次冒险的惊惧之心就马上被大自然的威力所压倒。这样问问，那样谈谈，阿千真象是一部小小的自然界的百科大辞典，而到盘龙山脚去的一段野路，便成了我最初学自然科学的模范小课本。

麦已经长得有好几尺高了，麦田里的桑树，也都发出了绒样的叶芽。晴天里舒叔叔的一声飞鸣过去的，是老鹰在觅食；树枝头吱吱喳喳，似在打架又象是在谈天的，大半是麻雀之类，远处的竹林丛里，既有抑扬，又带余韵，在那里歌唱的，才是深山的画眉。

上山的路旁，一拳一拳象小孩子的拳头似的小草，长得很多；拳的左右上下，满长着了些绛黄的绒毛，仿佛是野生的虫类，我起初看了，只在害怕，走路的时候，若遇到一丛，总要绕一个弯，让开它们，但阿千却笑起来了，他说：

"这是薇蕨，摘了去，把下面的粗干切了，炒起来吃，味道是很好的哩!"

渐走渐高了，山上的青红杂色，迷乱了我的眼目。日光直射在山坡上，从草木泥土里蒸发出来的一种气息，使我呼吸感到了困难；阿千也走得热起来了，把他的一件破夹袄一脱，丢向了地下。教我在一块大石上坐下息着，他一个人穿了一件小衫唱着戏去砍柴采野果去了；我回身立在石上，向大江一看；又深深地深深地得到了一种新的惊异。

这世界真大呀! 那宽广的水面! 那澄碧的天空! 那些上下的船只，究竟是从哪里来，上哪里去的呢?

我一个人立在半山的大石上，近看看有一层阳光在颤动着的绿野桑田，远看看天和水以及淡淡的青山，渐听得阿千的唱戏声音幽下去远下去了，心里就莫名其妙的起了一种渴望与愁思。我要到什么时候才能大起来呢? 我要到什么时候才可以到这象在天边似的远处去呢? 到了天边，那么我的家呢? 我的家里的人呢? 同时感到了对远处的遥念与对乡井的离愁，眼角里便自然而然地涌出了热泪。到后来，脑子也昏乱了，眼睛也模糊了，我只呆呆的立在那块大石上的太阳里做幻梦。我梦见有一只揩擦得很洁净的船，船上面张着了一面很大很饱满的白帆，我和祖母、母亲、翠花、阿千等都在船上，吃着东西，唱着戏，顺流下去，到了一处不相识的地方。我又梦见城里的茶店酒馆，都搬上山来了，我和阿千便在这山上的酒馆里大喝大嚷，旁边的许多大人，都在那里惊奇仰视。

这一种连接不断的白日之梦，不知做了多少时候，阿千却背了一捆小小的草柴，和一包刺莓、映山红、乌米饭之类的野果，回到我立在那里的大石边来了；他脱下了小衫，光着了脊肋，那些野果就系包在他的小衫里面的。

他提议说，时候不早了，他还要砍一捆柴，且让我们吃着野果，

先从山腰走向后山去罢，因为前山的草柴，已经被人砍完，第二捆不容易采刮拢来了。

慢慢地走到了山后，山下的那个真觉寺的钟鼓声音，早就从春空里传送到了我们的耳边。并且一条青烟，也刚从寺后的厨房里透出了屋顶。向寺里看了一眼，阿千就放下了那捆柴，对我说：

"他们在烧中饭了，大约离吃饭的时候也不很远，我还是先送你到寺里去罢！"

我们到了寺里，祖母和许多同伴者的念佛婆婆，都张大了眼睛，惊异了起来。阿千走后，她们就开始问我这一次冒险的经过，我也感到了一种得意，将如何出城，如何和阿千上山采集野果的情形，说得格外的详细。后来坐上桌去吃饭的时候，有一位老婆婆问我："你大了，打算去做些什么？"我就毫不迟疑地回答她说："我愿意去砍柴！"

故乡的茶店酒馆，到现在还在风行热闹，而这一位茶店酒馆里的小英雄，初次带我上山去冒险的阿千，却在一年涨大水的时候，喝醉了酒，淹死了。他们的家族，也一个个地死的死，散的散，现在没有生存者了；他们的那一座牛栏似的房屋，已经换过了两三个主人。时间是不饶人的，盛衰起灭也绝对地无常的：阿千之死，同时也带去了我的梦，我的青春！

9. 海上通信

● 郁达夫

晚秋的太阳，只留下一道金光，浮映在烟雾空蒙的西方海角。本来是黄色的海面被这夕照一烘，更加红艳得可怜了。从船尾望去，远远只见一排陆地的平岸，参差隐约的在那里对我点头。这一条陆地岸线之上，排列着许多一二寸长的桅樯细影，绝似画中的远草，依依有惜别的余情。

海上起了微波，一层一层的细浪，受了残阳的返照，一时光辉起来，飒飒的凉意，逼入人的心脾。清淡的天空，好像是离人的泪眼，周围边上，只带着一道红圈。是薄寒浅冷的时候，是泣别伤离的日暮。扬子江头，数声风笛，我又上了这天涯漂泊的轮船。

以我的性情而论，在这样的时候，正好陶醉在惜别的悲哀里，满满的享受一场感伤的甜味。否则也应该自家制造一种可怜的情调，使我自家感得自家的风尘仆仆，一事无成。若上举两事都办不到的时候，至少也应该看看海上的落日，享受享受那伟大的自然的烟景。但是这三种情怀，我一种也酿造不成，呆呆的立在龌龊杂乱的唬轮中层的舱口，我的心里，只充满了一种愤恨，觉得坐也不是，立也不是，硬要想拿一把快刀，杀死几个人，才肯甘休。这愤恨的原因是在什么地方呢？一是因为上船的时候，海关上的一个下流的外国人，定要把我的书箱打开来检查，检查之后，并且想把我所崇拜的列宁的一册著作拿去。二是因为新开河口的一家卖票房，收了我头等舱的船钱，骗我入了二等的舱位。

啊啊，掠夺欺骗，原是人的本性，若能达观，也不合有这一番气愤，但是我的度量却狭小得同耶稣教的上帝一样，若受着不平，总不能忍气吞声的过去。我的女人曾对我说过几次，说这是我的致命伤，但是无论如何，我总改不过这个恶习惯来。

轮船愈行愈远了，两岸的风景，一步一步的荒凉起来了，天色也垂暮了，我的怨愤，却终于渐渐的平了下去。

沫若呀，仿吾成均呀，我老实对你们说，自从你们下船上岸之后，我一直到了现在，方想起你们三人的孤凄的影子来。啊啊，我们本来

是反逆时代而生者，吃苦原是前生注定的。我此番北行，你们不要以为我是为寻快乐而去，我的前途风波正多得很哩！

天色暗下来了，我想起了家中在楼头凝望着我的女人，我想起了乳母怀中在那里伊吾学语的孩子，我更想起了几位比我们还更苦的朋友；啊啊，大海的波涛，你若能这样的把我吞咽了下去，倒好省却我的一番苦恼。我愿意化成一堆春雪，躺在五月的阳光里，我愿意代替了落花，陷入污泥深处去，我愿意背负了天下青年男女的肺痨恶疾，就在此处消灭了我的残生。

啊啊！这些感伤的咏叹，只能博得恶魔的一脸微笑，几个在资本家跟前俯伏的文人，或者将要拿了我这篇文字，去佐他们的淫乐的金樽，我不说了，我不再写了，我等那一点西方海上的红云消尽的时候，且上舱里去喝一杯白兰地吧，这是日本人所说的 Yakezake！

（十月五日七时书）

昨天晚上因为多喝了一杯白兰地，并且因为前夜在 F. E. 饭店里的一夜疲劳，还没有回复，所以一到床上就睡着了。我梦见了一个十五六的少女和我同舱，我硬要求她和我亲嘴的时候，她回复我说：

"你若要宝石，我可以给你 Rajah's diamond，

你若要王冠，我可以给你世上最大的国家，

但是这绯红的嘴唇，这未开的蔷薇花瓣，

我要保留着等世上最美的人来！"

我用了武力，捉住了她，结果竟做了一个"风月宝鉴"里的迷梦，所以今天头昏得很，什么也想不出来。但是与海天相对，终觉得无聊，我把佐藤春夫的一篇小说《被剪的花儿》读了。

在日本现代的小说家中，我所最崇拜的是佐藤春夫。他的小说，周作人氏也曾译过几篇，但那几篇并不是他的最大的杰作。他的作品

中的第一篇，当然要推他的出世作《病了的蔷薇》，即《田园的忧郁》了。其他如《指纹》、《李太白》等，都是优美无比的作品。最近发表的小说集《太孤寂了》，我还不曾读过。依我看来，这一篇《被剪的花儿》也可说是他近来的最大的收获。书中描写主人公失恋的地方，真是无微不至，我每想学到他的地步，但是终于画虎不成。他在日本现代的作家中，并不十分流行，但是读者中间的一小部分，却是对他抱着十二分的好逾的。有一次何畏对我说：

"达夫！你在中国的地位，同佐藤在日本的地位一样。但是日本人能了解佐藤的清洁高傲，中国人却不能了解你，所以你想以作家立身是办不到的。"

惭愧惭愧！我何敢望佐藤春夫的肩背！但是在目下的中国，想以作家立身，非但干枯的我没有希望，即使 Victo（ugo，Charles Dickens，Gerhart（auptmann 等来，也是无望的。

沫若！仿吾！我们都是笨人，我们弃去了康庄的大道不走，偏偏要寻到这一条荆棘丛生的死路上来。我们即使在半路上气绝身死，也同野狗的毙于道旁一样，却是我们自家寻得的苦恼，谁也不能来和我们表同情，谁也不能来收拾我们的遗骨的。啊啊！又成了牢骚了，"这是中国文人最丑的恶习，非绝灭它不可的地方"，我且收住不说了吧！

单调的海和天，单调的船和我，今日使我的精神萎缩得不堪。十二时中，足破这单调的现象，只有晚来海中的落日之景，我且搁住了笔，去看 The Glorious Sun-Setting 吧！

（十月六日日暮的时候）

这一次的航海，真奇怪得很，一点儿风浪也没有，现在船已到了烟台了。烟台港同长崎门司那些港埠一些儿也没有分别，可惜我没有

金钱和时间的余裕，否则上岸去住他一二星期，享受一番异乡的情调，倒也很有趣味。烟台的结晶处是东首临海的烟台山。在这座山上，有领事馆，有灯台，有别庄，正同长崎市外的那所检疫所的地点一样。沫若，你不是在去年的夏天有一首在检疫所作的诗么？我现在坐在船上，遥遥的望着这烟台的一带山市，也起了拿破仑在媛来娜岛上之感，啊啊，漂流人所见大抵略同，——我们不是英雄，我们且说漂流人吧！

　　山东是产苦力的地方，烟台是苦力的出口处。船一停锚，抢上来的凶猛的搭客，和售物的强人，真把我骇死，我足足在舱里躲了三个钟头，不敢出来。

　　到了日暮，船将起锚的时候，那些售物者方散退回去，我也出了舱，上船舷上来看落日。在海船里，除非有衣摆奈此的小说《默示录的四骑士》中所描写的那种同船者的恋爱追逐之外，另外实没有一件可以慰遣寂寥的事情，所以我这一次的通信里所写的也只是落日，Sun Setting, Abend Roete, etc., etc., 请你们不要笑我的重复！

　　我刚才说过，烟台港和长崎门司一样，是一条狭长的港市，环市的三面，都是浅淡的连山。东面是烟台山，一直西去，当太阳落下去的那一支山脉，不知道是什么名字？但是我想这一支山若要命名，要比"夕阳""落照"等更好的名字，怕没有了。

　　一带连山，本来有近远深浅的痕迹可以看得出来的，现在当这落照的中间，都只染成了淡紫。市上的炊烟，也蒙蒙的起了，便使我想起故乡城市的日暮的景色来，因为我的故乡，也是依山带水，与这烟台市不相上下的呀！

　　日光没了，天上的红云也淡了下去。一阵凉风吹来，忽使人起了一种莫名其妙的哀感。我站在船舷上，看看烟台市中一点两点渐渐增加起来的灯火，看看甲板上几个落了伍急急忙忙赶回家去的卖物的土人，忽而索落索落的滴下了两粒眼泪来。我记得我女人有一次说，小

孩子到了日暮，总要哭着寻他的娘抱，因为怕晚上没有睡觉的地方。这时候我的心里，大约也被这一种 Nost – algia 笼罩住了吧，否则何以会这样的落寞！这样的伤感！这样的悲愁无着处呢！

这船今晚上是要离开烟台上天津去的，以后是在渤海里行路了。明天晚上可到天津。我这通信，打算一上天津就去投邮。愿你与婀娜和小孩全好，仿吾也好，成均也好，愿你们的精神能够振刷；啊啊，这样在勉励你们的我自家，精神正颓丧得很呀！我还要说什么！我还有说话的资格么！

（十月七日晚八时烟台舱中）

不知在什么时候，我记得你曾说过，沫若，你说："我们的拿起笔来要写，大约是已经成了习惯了，无论如何，我此后总不能绝对的废除笔墨的。"这一种冯妇之习，不但是你免不了，怕我也一样的吧。现在精神定了一定，我又想写了。

昨天船离了烟台，即起大风，船中的一班苦力，个个头上都淋成五色。这是什么理由呢？因为他们都是连绵席地而卧，所以你枕我的头，我枕你的脚。一人吐了，二人就吐，三人四人，传染过去。铤而走险，急不能择，他们要吐的时候就不问是人头人足，如长江大河的直泻下来。起初吐的是杂物，后来吐黄水，最后就赤化了。我在这一个大吐场里，心里虽则难受，但却没有效他们的嚳，大约是曾经沧海的结果，也许是我已经把心肝呕尽，没有吐的材料了。

今天的落日，是在七十二沽的芦草上看的。几堆泥屋，一滩野草，野草里的鸡犬，泥屋前的穿红布衣服的女孩，便是今日的落照里的风景。

船靠岸的时候，已经是夜半了。二哥哥在埠头等我。半年不见，

在青白的瓦斯光里他说我又瘦了许多。非关病酒，不是悲秋，我的瘦，却是杜甫之瘦，儒冠之害呀！

从清冷的长街上，在灰暗凉冷的空气里，把身体搬上这家旅店里之后，哥哥才把新总统明晚晋京的话，告诉我听。好一个魏武之子孙，几年来的大愿总算成就了，但是，但是只可怜了我们小百姓，有苦说不出来。听说上海又将打电报，抬菩萨，祭旗拜斗的大耍猴子戏。我希望那些有主张的大人先生，要干快干，不要虚张声势的说："来来来！干干干！"因为调子唱得高的时候，胡琴有脱板的危险。中国的没有真正革命起来的原因，大约是受的"发明电报者"之害哟！

几天不看报，倒觉得清净得很。明天一到北京，怕又不得不目睹那些中国特有的承平新气象，我生在这样的一个太平时节，心里实在是怕看这些黄帝之子孙的文明制度了。

夜也深了，老车站的火车轮声，也渐渐的听不见了，这一间奇形怪状的旅舍里，也只充满了鼾声。窗外没月亮，冷空气一阵一阵的来包围我赤裸裸的双脚。我虽则到了天津，心里依然是犹豫不定：

"究竟还是上北京去作流氓去呢，还是到故乡家里去作隐士？"

"名义上自然是隐士好听，实际上终究是漂流有趣。等我来问一个诸葛神卦，再决定此后的行止吧！"

敕敕敕，弟子郁，……

……

……

十月八日夜三时书于天津的旅馆内

（原载一九二三年十月二十日《创造周报》第二十四号，据《达夫散文集》）

36

10. 马六甲记游

● 郁达夫

为想把满身的战时尘滓暂时洗刷一下，同时，又可以把个人的神经，无论如何也负担不起的公的私的积累清算一下之故，毫无踌躇，飘飘然驶入了南海的热带圈内，如醉如痴，如在一个连续的梦游病里，浑浑然过去的日子，好像是很久很久了，又好像是只有一日一夜的样子。实在是，在长年如盛夏，四季不分明的南洋过活，记忆力只会一天一天的衰弱下去，尤其是关于时日年岁的记忆，尤其是当踏上了一定的程序工作之后的精神劳动者的记忆。

某年月日，为替一爱国团体上演《原野》而揭幕之故，坐了一夜的火车，从新加坡到了吉隆坡。在卧车里鼾睡了一夜，醒转来的时候，填塞在左右的，依旧是不断的树胶园，满目的青草地，与在强烈的日光里反射着殷红色的墙瓦的小洋房。

揭幕礼行后，看戏看到了午夜，在李旺记酒家吃了一次朱植生先生特为筹设的宵夜筵席之后，南方的白夜，也冷悄悄的酿成了一味秋意；原因是由于一阵豪雨，把路上的闲人，尽催归了梦里，把街灯的玻璃罩，也洗涤成了水样的澄清。倦游人的深夜的悲哀，忽而从驶回逆旅的汽车窗里，露了露面，仿佛是在很远很远的异国，偶尔见到了一个不甚熟悉的同坐过一次飞机或火车的偕行伙伴。这一种感觉，已经有好久好久不曾尝到了，这是一种在深夜当游倦后的哀思啊！

第二天一早起来，因有友人去马六甲之便，就一道坐上汽车，向南偏西，上山下岭，尽在树胶园椰子林的中间打圈圈，一直到过了丹

平的关卡以后，样子却有点不同了。同模型似的精巧玲珑的马来人亚答屋的住宅，配合上各种不同的椰子树的阴影，有独木的小桥，有颈项上长着双峰的牛车，还有负载着重荷，在小山坳密林下来去的原始马来人的远景，这些点缀，分明在告诉我，是在南洋的山野里旅行。但偶一转向，车驶入了平原，则又天空开展，水田里的稻秆青葱，田塍树影下，还有一二皮肤黝黑的农夫在默默地休息，这又像是在故国江南的旷野，正当五六月耕耘方起劲的时候。

到了马六甲，去海滨"彭大希利"的莱斯脱·好坞斯（Rest-House）去休息了一下，以后，就是参观古迹的行程了。导我们的先路的，是由何葆仁先生替我们去邀来的陈应桢、李君侠、胡健人等几位先生。

我们的路线，是从马六甲河西岸海滨的华侨银行出发，打从圣弗兰雪斯教堂的门前经过，先向市政厅所在的圣保罗山，亦叫作升旗山的古圣保罗教堂的废墟去致敬的。

这一块周围仅有七百二十英里方的马六甲市，在历史上，传说上，却是马来半岛，或者也许是南洋群岛中最古的地方，是在好久以前，就听人家说过的。第一，马六甲的这一个马来名字的由来，据说就是在十四世纪中叶，当新加坡的马来人，被爪哇西来的外人所侵略，酋长斯干达夏率领群众避至此地，息树荫下，偶问旁人以此树何名，人以"马六甲"对，于是这地方的名字，就从此定下了。而这一株有五六百年高寿的马六甲树，到现在也还婆娑独立在圣保罗的山下那一个旧式栈桥接岸的海滨。枝叶纷披，这树所覆的荫处，倒确有一连以上的士兵可以扎营。

此外，则关于马六甲这名字的由来，还有酋长见犬鹿相斗，犬反被鹿伤的传说；另一说，则谓马六甲系爪哇语"亡命"之意，或谓系爪哇人称巨港之音，巫来由即马六甲之变音。

这些倒还并不相干，因为我们的目的，只想去瞻仰瞻仰那些古时遗下来的建筑物，和现时所看得到的风景之类；所以一过马六甲河，看见了那座古色苍然的荷兰式的市政厅的大门，就有点觉得在和数世纪前的彭祖老人说话了。

这一座门，尽以很坚强的砖瓦垒成，像低低的一个城门洞的样子；洞上一层，是施有雕刻的长方石壁，再上面，却是一个小小的钟楼似的塔顶。

在这里，又不得不简叙一叙马六甲的史实了：第一，这里当然是从新加坡西来的马来人所开辟的世界，这是在十四世纪中叶的事情。在这先头，从宋代的中国册籍（《诸蕃志》）里，虽可以见到巨港王国的繁荣，但马六甲这一名，却未被发现。到了明朝，郑和下南洋的前后，马六甲就在中国书籍上渐渐知名了，这是十四世纪末叶的事情。在十六世纪初年，葡萄牙人第奥义·洛泊斯特·色开拉——（Diogo Lopes de Sequeira）率领五艘海船到此通商，当时为马六甲和西欧交通的开始时期。一千五百十一年，马六甲被亚儿封所·达儿勃开儿克（Alfonso d' Albuquerque）所征服以后，南洋群岛就成了葡萄牙人独占的市场。其后荷兰继起，一千六百四十一年，马六甲便归入了荷人的掌握。现在所遗留的马六甲的史迹，以荷兰人的建筑物及墓碑为最多，实在因为荷兰人在这里曾有过一百多年繁荣的历史的缘故。一七九五年，当拿破仑战争未息之前，马六甲管辖权移归了英国东印度公司。一八一五年，因维也纳条约的结果，旧地复归还了荷属，等一八二四年的伦敦会议以后，英国终以苏门答腊和荷兰换回了这马六甲的治权。

关于马六甲的这一段短短的历史，简叙起来，也不过数百字的光景。可是这中间的杀伐流血，以及无名英雄的为国捐躯，为公殉义的伟烈丰功，又有谁能够仔细说得尽哩！

所以，圣保罗山下的市政厅大门，现在还有人在叫作"斯泰脱呼斯"的大门的"斯泰脱呼斯"者，就是荷兰文 Stadt – Huys 的遗音，也就是英文 Town – House 或 City – House 的意思。

我们从市政厅的前门绕过，穿过图书馆的二楼，上阅兵台，到了旧圣保罗教堂的废墟门外的时候，前面那望楼上的旗帜已经在收下来了，正是太阳平西，将近午后四点钟的样子。伟大的圣保罗教堂，就单单只看了它的颓垣残垒，也可以想见得到当日的壮丽堂皇。迄今四五百年，雨打风吹，有几处早已没了屋顶，但是周围的墙壁，以及正殿中上一层的石屋顶，仍旧是屹然不动，有泰山磐石般的外貌。我想起了三宝公到此地时的这周围的景象，我又想起了大陆国民不善经营海外殖民事业的缺憾；到现在被强邻压境，弄得半壁江山，尽染上腥污，大半原因，也就在这一点国民太无冒险心，国家太无深谋远虑的弱点之上。

市政厅的建筑全部，以及这圣保罗山的废墟，听说都由马六甲的史迹保存会的建议，请政府用意保护着的。所以直到了数百年后的今日，我们还见得到当时的荷兰式的房屋，以及圣保罗教堂里的一个上面盖有小方格铁板的石穴。这石穴的由来，就因十六世纪中叶的圣芳济（St. Famcis Xavier）去中国传教，中途病故，遗体于运往卧亚（Goa）之前，曾在此穴内埋葬过五个月（一五五三年三月至同年八月）的因缘。废墟的前后，尽是坟茔，而且在这废墟的堂上，圣芳济遗体虚穴的周围，也陈列着许多四五百年以前的墓碑。墓碑之中，以荷兰文的碑铭为最多，其间也还有一两块葡萄牙文的墓碑在哩！

参观了这圣保罗山以后，我们的车就遵行着"彭大希利"的大道，驰向了东面圣约翰山的故垒。这山头的故垒，还是葡萄牙人的建筑，炮口向内，用意分明是防止本地土人的袭击的。炮垒中的堑壕坚强如故；听说还有一条地道，可以从这山顶通行到海边福脱路的旧垒门边。这时候夕阳的残照，把海水染得浓蓝，把这一座故垒，晒得赭黑。我独立在雉堞的缺处，向东面远眺了一回马来亚南部最高的一支远山，就也默默地想起了萨雁门的那一首"六代豪华，春去也，更无消息"的《金陵怀古》之词。

从圣约翰山下来，向南洋最有名的那一个飞机型的新式病院前的武极巴拉（Bukit Palah）山下经过，赶上青云亭的坟山，去向三宝殿致敬的时候，平地上已经见不到阳光了。

三宝殿在青云亭坟山三宝山的西北麓，门朝东北，门前有几棵红豆大树作旗幛。殿后有三宝井，听说井水甘洌，可以愈疾病，市民不远千里，都来灌取。坟山中的古墓，有皇明碑纪的，据说现尚存有两穴。但我所见到的却是坟山北麓，离三宝殿约有数百步远的一穴黄氏的古茔。碑文记有"显考维弘黄公，妣寿妲谢氏墓，皇明壬戌仲冬谷旦，孝男黄子、黄辰同立"字样，自然是三百年以前，我们同胞的开荒远祖了。

晚上，在何葆仁先生的招待席散以后，我们又上中国在南洋最古的一间佛庙青云亭去参拜了一回。青云亭是明末遗民，逃来南洋，以帮会势力而扶植侨民利益的最古的一所公共建筑物。这庙的后进，有一神殿，供着两位明代衣冠，发须楚楚的塑像，长生禄位牌上，记有开基甲国的甲必丹芳杨郑公及继理宏业的甲必丹君常李公的名字；在这庙的旁边一间碑亭里，听说还有两块石碑树立在那里，是记这两公的英伟事迹的，但因为暗夜无灯，终于没有拜读的机会。

走马看花，马六甲的五百年的古迹，总算匆匆地在半天之内看完了。于走回旅舍之前，又从歪斜得如中国街巷一样的一条娘惹街头经过。在昏黄的电灯底下谈着走着，简直使人感觉到不像是在异邦漂泊的样子。马六甲实在是名副其实的一座古城，尤其是从我们中国人看来。

　　回旅舍冲过了凉，含着纸烟，躺在回廊的藤椅上举头在望海角天空处的时候，从星光里，忽而得着了一个奇想。譬如说吧，正当这一个时候，旅舍的侍者，可以拿一个名刺，带领一个人进来访我。我们中间可以展开一次上下古今的长谈。长谈里，可以有未经人道的史实，可以有悲壮的英雄抗敌的故事，还可以有缠绵哀艳的情史。于送这一位不识之客去后，看看手表，当在午前三四点钟的时候。我倘再回忆一下这一位怪客的谈吐、装饰，就可以发现他并不是现代的人。再寻他的名片，也许会寻不着了。第二天起来，若问侍者以昨晚你带来见我的那位客人（可以是我们的同胞，也可以是穿着传教士西装的外国人），究竟是谁？侍者们都可以一致否认，说并没有这一回事。这岂不是一篇绝好的小说么？这小说的题目，并且也是现成的，就叫作《古城夜话》或《马六甲夜话》，岂不是就可以了么？

　　我想着想着，抽尽了好几枝烟卷，终于被海风所诱拂，沉入到忘我的梦里去了。第二天的下午，同样的在柏油大道上飞驰了半天，在麻坡与杏株巴辖过了两渡，当黄昏的阴影盖上柔佛长堤桥面的时候，我又重回到了新加坡的市内。《马六甲夜话》、《古城夜话》，这一篇 Imaginary Conversations——幻想中的对话录，我想总有一天会把它记叙出来。

11. 钓台的春昼

● 郁达夫

　　因为近在咫尺，以为什么时候要去就可以去，我们对于本乡本土的名区胜景，反而往往没有机会去玩，或不容易下一个决心去玩的。

正惟其是如此，我对于富春江上的严陵，二十年来，心里虽每在记着，但脚却没有向这一方面走过。一九三一，岁在辛未，暮春三月，春服未成，而中央党帝，似乎又想玩一个秦始皇所玩过的把戏了，我接到了警告，就仓皇离去了寓居。先在江浙附近的穷乡里，游息了几天，偶而看见了一家扫墓的行舟，乡愁一动，就定下了归计。绕了一个大弯，赶到故乡，却正好还在清明寒食的节前。和家人等去上了几处坟，与许多不曾见过面的亲戚朋友，来往热闹了几天，一种乡居的倦怠，忽而袭上心来了，于是乎我就决心上钓台访一访严子陵的幽居。

钓台去桐庐县城二十余里，桐庐去富阳县治九十里不足，自富阳溯江而上，坐小火轮三小时可达桐庐，再上则须坐帆船了。

我去的那一天，记得是阴晴欲雨的养花天，并且系坐晚班轮去的，船到桐庐，已经是灯火微明的黄昏时候了，不得已就只得在码头近边的一家旅馆的楼上借了一宵宿。

桐庐县城，大约有三里路长，三千多烟灶，一二万居民，地在富春江西北岸，从前是皖浙交通的要道，现在杭江铁路一开，似乎没有一二十年前的繁华热闹了。尤其要使旅客感到萧条的，却是桐君山脚下的那一队花船的失去了踪影。说起桐君山，却是桐庐县的一个接近城市的灵山胜地，山虽不高，但因有仙，自然是灵了。以形势来论，这桐君山，也的确是可以产生出许多口音生硬，别具风韵的桐严嫂来的生龙活脉。地处在桐溪东岸，正当桐溪和富春江合流之所，依依一水，西岸便瞰视着桐庐县市的人家烟树。南面对江，便是十里长洲；唐诗人方干的故居，就在这十里桐洲九里花的花田深处。向西越过桐庐县城，更遥遥对着一排高低不定的青峦，这就是富春山的山子山孙了。东北面山下，是一片桑麻沃地，有一条长蛇似的官道，隐而复现，出没盘曲在桃花杨柳洋槐榆树的中间，绕过一支小岭，便是富阳县的境界，大约去程明道的墓地程坟，总也不过一二十里地的间隔。我的

去拜谒桐君，瞻仰道观，就在那一天到桐庐的晚上，是淡云微月，正在作雨的时候。

鱼梁渡头，因为夜渡无人，渡船停在东岸的桐君山下。我从此旅馆踱了出来，先在离轮埠不远的渡口停立了几分钟。后来向一位来渡口洗夜饭米的年轻少妇，躬身请问了一回，才得到了渡江的秘诀。她说："你只须高喊两三声，船自会来的。"先谢了她教我的好意，然后以两手围成了播音的喇叭，"喂，喂，渡船请摇过来！"地纵声一喊，果然在半江的黑影当中，船身摇动了。渐摇渐近，五分钟后，我在渡口，却终于听出了咿呀柔橹的声音。时间似乎已经入了酉时的下刻，小市里的群动，这时候都已经静息，自从渡口的那位少妇，在微茫的夜色里，藏去了她那张白团团的面影之后，我独立在江边，不知不觉心里头却兀自感到了一种他乡日暮的悲哀。渡船到岸，船头上起了几声微微的水浪清音，又铜东的一响，我早已跳上了船，渡船也已经掉过头来了。坐在黑影沉沉的舱里，我起先只在静听着柔橹划水的声音，然后却在黑影里看出了一星船家在吸着的长烟管头上的烟火，最后因为被沉默压迫不过，我只好开口说话了："船家！你这样的渡我过去，该给你几个船钱？"我问。"随你先生把几个就是。"船家的说话冗慢幽长，似乎已经带着些睡意了，我就向袋里摸出了两角钱来。"这两角钱，就算是我的渡船钱，请你候我一会，上山去烧一次夜香，我是依旧要渡过江来的。"船家的回答，只是恩恩乌乌，幽幽同牛叫似的一种鼻音，然而从继这鼻音而起的两三声轻快的咳声听来，他却似已经在感到满足了，因为我也知道，乡间的义渡，船钱最多也不过是两三枚铜子而已。

到了桐君山下，在山影和树影交掩着的崎岖道上，我上岸走不上几步，就被一块乱石绊倒，滑跌了一次。船家似乎也动了恻隐之心了，一句话也不发，跑将上来，他却突然交给了我一盒火柴。我于感谢了

44

一番他的盛意之后，重整步武，再摸上山去，先是必须点一枝火柴走三五步路的，但到得半山，路既就了规律，而微云堆里的半规月色，也朦胧地现出一痕银线来了，所以手里还存着的半盒火柴，就被我藏入了袋里。路是从山的西北，盘曲而上，渐走渐高，半山一到，天也开朗了一点，桐庐县市上的灯火，也星星可数了。更纵目向江心望去，富春江两岸的船上和桐溪合流口停泊着的船尾船头，也看得出一点一点的火来。走过半山，桐君观里的晚祷钟鼓，似乎还没有息尽，耳朵里仿佛听见了几丝木鱼钲钹的残声。走上山顶，先在半途遇着了一道道观外围的女墙，这女墙的栅门，却已经掩上了。在栅门外徘徊了一刻，觉得已经到了此门而不进去，终于是不能满足我这一次暗夜冒险的好奇怪僻的。所以细想了几次，还是决心进去，非进去不可，轻轻用手往里面一推，栅门却呀的一声，早已退向了后方开开了，这门原来是虚掩在那里的。进了栅门，踏着为淡月所映照的石砌平路，向东向南的前走了五六十步，居然走到了道观的大门之外，这两扇朱红漆的大门，不消说是紧闭在那里的。到了此地，我却不想再破门进去了。因为这大门是朝南向着大江开的，门外头是一条一丈来宽的石砌步道，步道的一旁是道观的墙，一旁便是山坡，靠山坡的一面，并且还有一道二尺来高的石墙筑在那里，大约是代替栏杆，防人倾跌下山去的用意，石墙之上，铺的是二三尺宽的青石，在这似石栏又似石凳的墙上，尽可以坐卧游息，饱看桐江和对岸的风景，就是在这里坐它一晚，也很可以，我又何必去打开门来，惊起那些老道的噩梦呢！

空旷的天空里，流涨着的只是些灰白的云，云层缺处，原也看得出半角的天，和一点两点的星，但看起来最饶风趣的，却仍是欲藏还露，将见仍无的那半规月影。这时候江面上似乎起了风，云脚的迁移，更来得迅速了，而低头向江心一看，几多散乱着的船里的灯光，也忽明忽灭地变换了一变换位置。

这道观大门外的景色，真神奇极了。我当十几年前，在放浪的游程里，曾向瓜州京口一带，消磨过不少的时日。那时觉得果然名不虚传的，确是甘露寺外的江山。而现在到了桐庐，昏夜上这桐君山来一看，又觉得这江山之秀而且静，风景的整而不散，却非那天下第一江山的北固山所可与比拟的了。真也难怪得严子陵，难怪得戴征士，倘使我若能在这样的地方结屋读书，以养天年，那还要什么的高官厚禄，还要什么的浮名虚誉哩？一个人在这桐君观前的石凳上，看看山，看看水，看看城中的灯火和天上的星云，更做做浩无边际的无聊的幻梦，我竟忘了时刻，忘记了自身，直等到隔江的击柝声传来，向西一看，忽而觉得城中的灯影微茫地减了，才跑也似地走下了山来，渡江奔回了客舍。

第二日侵晨，觉得昨天的桐君观前做过的残梦正还没有续完的时候，窗外面忽而传来了一阵吹角的声音。好梦虽被打破，但因这同吹竽篪似的商音哀咽，却很含着些荒凉的古意，并且晓风残月，杨柳岸边，也正好候船待发，上严陵去；所以心里虽怀着了些儿怨恨，但脸上却只现出了一痕微笑，起来梳洗更衣，叫茶房去雇船去。雇好了一只双桨的渔舟，买就了些酒菜鱼米，就在旅馆前面的码头上上了船，轻轻向江心摇出去的时候，东方的云幕中间，已现出了几丝红晕，有八点多钟了。舟师急得厉害，只在埋怨旅馆的茶房，为什么昨晚上不预先告诉，好早一点出发。因为此去就是七里滩头，无风七里，有风七十里，上钓台去玩一趟回来，路程虽则有限，但这几日风雨无常，说不定要走夜路，才回来得了的。

过了桐庐，江心狭窄，浅滩果然多起来了。路上遇着的来往的行舟，数目也是很少，因为早晨吹的角，就是往建德去的快班船的信号，快班船一开，来往于两岸之间的船就不十分多了。两岸全是青青的山，中间是一条清浅的水，有时候过一个沙洲，洲上的桃花菜花，还有许多不晓得名字的白色的花，正在喧闹着春暮，吸引着蜂蝶。我在船头上一口一口的喝着严东关的药酒，指东话西地问着船家，这是什么山，那是什么港，惊叹了半天，称颂了半天，人也觉得倦了，不晓得什么时候，身子却走上了一家水边的酒楼，在和数年不见的几位已经做了党官的朋友高谈阔论。谈论之余，还背诵了一首两三年前曾在同一的情形之下做成的歪诗：

> 不是尊前爱惜身，
> 佯狂难免假成真，
> 曾因酒醉鞭名马，
> 生怕情多累美人。
> 却数东南天作孽，
> 鸡鸣风雨海扬尘，
> 悲歌痛哭终何补，
> 义士纷纷说帝秦。

直到盛筵将散，我酒也不想再喝了，和几位朋友闹得心里各自难堪，连对旁边坐着的两位陪酒的名花都不愿意开口。正在这上下不得的苦闷关头，船家却大声的叫了起来说："先生，罗芷过了，钓台就在前面，你醒醒罢，好上山去烧饭吃去。"

擦擦眼睛，整了一整衣服，抬起头来一看，四面的水光山色又忽而变了样子了。清清的一条浅水，比前又窄了几分，四周的山包得格外的紧了，仿佛是前无去路的样子。并且山容峻削，看去觉得格外的瘦格外的高。向天上地下四围看看，只寂寂的看不见一个人类。双桨的摇响，到此似乎也不敢放肆了，钩的一声过后，要好半天才来一个幽幽的回响，静，静，静，身边水上，山下岩头，只沉浸着太古的静，死灭的静，山峡里连飞鸟的影子也看不见半只。前面的所谓钓台山上，只看得见两个大石垒，一间歪斜的亭子，许多纵横芜杂的草木。山腰里的那座祠堂，也只露着些废垣残瓦，屋上面连炊烟都没有一丝半缕，像是好久好久没有人住了的样子。并且天气又来得阴森，早晨曾经露一露脸过的太阳，这时候早已深藏在云堆里了，余下来的只是时有时无从侧面吹来的阴飕飕的半箭儿山风。船靠了山脚，跟着前面背着酒菜鱼米的船夫走上严先生祠堂的时候，我心里真有点害怕，怕在这荒山里要遇见一个干枯苍老得同丝瓜筋似的严先生的鬼魂。

在祠堂西院的客厅里坐定，和严先生的不知第几代的裔孙谈了几句关于年岁水旱的话后，我的心跳也渐渐儿的镇静下去了，嘱托了他以煮饭烧菜的杂务，我和船家就从断碑乱石中间爬上了钓台。

东西两石垒，高各有二三百尺，离江面约两里来远，东西台相去只有一二百步，但其间却夹着一条深谷。立在东台，可以看得出罗苎的人家，回头展望来路，风景似乎散漫一点，而一上谢氏的西台，向西望去，则幽谷里的清景，却绝对的不像是在人间了。我虽则没有到过瑞士，但到了西台，朝西一看，立时就想起了曾在照片上看见过的戚廉退儿的祠堂。这四山的幽静，这江水的青蓝，简直同在画片上的珂罗版色彩，一色也没有两样，所不同的就是在这儿的变化更多一点，周围的环境更芜杂不整齐一点而已，但这却是好处，这正是足以代表东方民族性的颓废荒凉的美。

从钓台下来，回到严先生的祠堂——记得这是洪杨以后严州知府戴槃重建的祠堂——西院里饱啖了一顿酒肉，我觉得有点酩酊微醉了。手拿着以火柴柄制成的牙签，走到东面供着严先生神像的龛前，向四面的破壁上一看，翠墨淋漓，题在那里的，竟多是些俗而不雅的过路高官的手笔。最后到了南面的一块白墙头上，在离屋檐不远的一角高处，却看到了我们的一位新近去世的同乡夏灵峰先生的四句似邵尧夫

而又略带感慨的诗句。夏灵峰先生虽则只知崇古，不善处今，但是五十年来，像他那样的顽固自尊的亡清遗老，也的确是没有第二个人。比较起现在的那些官迷的南满尚书和东洋宦婢来，他的经术言行，姑且不必去论它，就是以骨头来称称，我想也要比什么罗三郎郑太郎辈，重到好几百倍。慕贤的心一动，熏人臭技自然是难熬了，堆起了几张桌椅，借得了一枝破笔，我也向高墙上在夏灵峰先生的脚后放上了一个陈屁，就是在船舱的梦里，也曾微吟过的那一首歪诗。

从墙头上跳将下来，又向龛前天井去走了一圈，觉得酒后的干喉，有点渴痒了，所以就又走回到了西院，静坐着喝了两碗清茶。在这四大无声，只听见我自己的啾啾喝水的舌音冲击到那座破院的败壁上去的寂静中间，同惊雷似地一响，院后的竹园里却忽而飞出了一声闲长而又有节奏似的鸡啼的声来。同时在门外面歇着的船家，也走进了院门，高声的对我说："先生，我们回去罢，已经是吃点心的时候了，你不听见那只鸡在后山啼么？我们回去罢!"

12. 爱眉小札

◉ 徐志摩

这过的是什么日子！我这心上压得多重呀！眉，我怎么好呢！刹那间有千百件事在方寸间起伏，是忧，是虑，是瞻前，是顾后，这笔上哪能写出？眉，我怕，我真怕世界与我们是不能并立的，不是我们把他们打毁成全我们的话，就是他打毁我们，逼迫我们的死。眉，我悲极了，我胸口隐隐地生痛，我双眼盈盈的热泪，我就要你，我此时要你，我偏不能有你。喔，这难受——恋爱是痛苦，是的，眉，再也没有疑义。眉，我恨不得立刻与你死去，因为只有死可以给我们向往的清静，相互的永远占有。眉，我来献全盘的爱给你，一团火热的真情，整个儿给你，我也盼望你也一样拿整个、完全的爱还我。

世上并不是没有爱，但大多是不纯粹的，有漏洞的，那就不值钱，平常，浅薄。我们是有志气的，决不能放松一屑屑，我们得来一个真纯的榜样。眉，这恋爱是大事情，是难事情，是关生死超生死的事情——如其要到真的境界，那才是神圣，那才是不可侵犯。有同情的朋友是难得的，我们现在有少量的朋友，就思想见解论，在中国是第一流。他们都是真爱你我，看重你我，期望你我的。他们要看我们做到一般人做不到的事，实现一般人梦想的境界。他们，我敢说，相信你我有这天赋，有这能力；他们的期望是最难得的，但同时你我负着的责任，那不是玩儿。对己，对友，对社会，对天，我们有奋斗到底，做到全的责任！眉，你知道我近来心事重极了，晚上睡不着不说，睡着了就来怖梦，种种的顾虑整天像刀光似的在心头乱刺。眉，你又是在这样的环境里嵌着，连自由谈天的机会都没有。咳，这真是哪里说起！眉，我每晚睡在床上寻思着，我仿佛觉着发根里的血液一滴滴地消耗，在忧郁的思念中黑发变成苍白。

一天二十四小时，心头哪有一刻的平安——除了与你单独相对的俄顷，那是太难得了。眉，我们死去吧，眉，你知道我怎么爱你，啊，眉！比如昨天早上你不来电话，从九时半到十一时，我简直像是活抱着炮烙似地受罪，心那么的跳，那么的痛，也不知为什么，说你也不信，我躺在榻上直咬着牙，直翻身喘着哪！后来再也忍不住了，自己拿起了电话，心头那阵的狂跳，差一点把我晕了，谁知你一直睡着没有醒，我这自讨苦吃多可笑。但同时你得知识道，眉，在恋中人的心里是最复杂的心理，说是最不合理可以，说是最合理也可以。眉，你肯不肯亲手拿刀割破我的胸膛，挖出我那血淋淋的心留着，算是我给

你最后的礼物。

今朝上睡昏昏的只是在你的左右。那怖梦真可怕，仿佛真人用妖法来离间我们，把我迷在一辆车上，整天整夜地飞行了三昼夜，旁边坐着一个瘦长的严肃的妇人，像是命运自身，我昏昏的身体动不得，口开不得，听凭那妖车带着我跑。等得我醒来下车的时候有人来对我说你已另订婚约了，我说不信，你带戒指的手指忽在我眼前闪动，我一见就往石板上一头冲去，一声悲叫，就死在地下——正当你电话铃响把我震醒；我那时虽则醒了，而那一阵的凄惶与悲酸，像是灵魂出了窍似的，可怜呀，眉！我过来正想与你好好的谈，偏偏你又得出门就诊去，以后一天就完了，四点以后过的是何等不自然而局促的时刻！我与"先生"谈，也是凄凉万状，我们的影子在荷池圆叶上晃着，我心里只是悲惨，眉呀，你快来伴我死去吧！

13. 印度洋上的秋思

● 徐志摩

昨夜中秋。黄昏时西天挂下一大帘的云母屏，掩住了落日的光潮，将海天一体化成暗蓝色，寂静得如黑衣尼在圣座前默祷。过了一刻，即听得船梢布蓬上悉悉索索啜泣起来，低压的云夹着迷朦的雨色，将海线逼得像湖一般窄，沿边的黑影，也辨认不出是山是云，但涕泪的痕迹，却满布在空中水上。

又是一番秋意门！那雨声在急骤之中，有零落萧疏的况味，连着阴沉的气氛，只是在我灵魂的耳畔私语道："秋"！我原来无欢的心境，抵御不住那样温婉的浸润，也就开放了春夏间所积受的秋思，和此时外来的怨艾构合，产出一个弱的婴儿——"愁"。

天色早已沉黑，雨也已休止。但方才啜泣的云，还疏松地幕在天空，只露着些惨白的微光；预告明月已经装束齐整，专等开幕。同时船烟正在莽莽苍苍地吞吐，筑成一座鳞鳞的长桥，直联及西天尽处，和船轮泛出的一流翠波白沫，上下对照，留恋西来的踪迹。

北天之幕豁处，一颗鲜翠的明星，喜滋滋地先来问探消息；像新嫁妇的侍婢，也穿扮得遍体光艳，但新娘依然姗姗未出。

我小的时候，每于中秋夜，呆坐在楼窗外等看"月华"，若然天上有云雾缭绕，我就替"亮晶晶的月亮"担忧，若然见了鱼鳞似的云彩，我的小心就欣欣怡悦，默祷着月儿快些开花，因为我常听人说只要有"瓦楞"云，就有月华；但在月光放彩以前，我母亲早已逼我去上床，所以月华只是我脑筋里一个不曾实现的想象，直到如今。

现在天才砌满了瓦楞云彩，霎时间引起了我早年许多有趣的记忆——但我的纯洁的童心，如今哪里去了？

月光有一种神秘的引力，她能使海波咆哮，她能使悲绪生潮。月下的喟息可以结聚成山，月下的情泪可以培育百亩的畹兰，千茎的紫琳耿。我疑悲哀是人类先天的遗传，否则，何以我们儿年不知悲感的时期，有时对着一泻的清辉，也往往凄心滴泪呢？

但我今夜却不曾流泪。不是无泪可滴，也不是文明教育将我最纯洁的本能锄净，却为是感觉了神圣的悲哀，将我理解的好奇心激动，想学契古特白登来解剖这神秘的"眸冷骨累"。冷的智永远是热的情的死敌仇。他们不能相容的。

但在这样浪漫的月夜，要来练习冷酷的分析，似乎不近人情，所以我的心机一转，重复将锋快的智刃收起，让沉醉的情泪自然流转，听他产生什么音乐；让绻缱的诗魂漫自低口，看他寻出什么梦境。

明月正在云崖间中，周围有一圈黄色的彩晕，一阵阵的轻霭，在

她面前扯过。海上几百道起伏的银沟，一齐在微叱凄其的音节，此外不受清辉的波域，在暗中坟坟涨落，不知是怨是慕。

我一面将自己一部分的情感，看入自然界的现象，一面拿着纸笔，痴望着月彩，想从她明洁的辉光里，看出今夜地面上秋思的痕迹，希冀他们在我心里，凝成高洁情绪的菁华。因为她光明的捷足，今夜遍走天涯、人间的恩怨，哪一件不经过她的慧眼呢？

印度的 Gances（埂奇）河边有一座小村落，村外一个榕树密绣的湖边，坐着一对情醉的男女，他们中间草地上放着一尊古铜香炉，烧着上品的水息，那温柔婉恋的烟篆、沉馥香浓的热气，便是他们爱感的象征——月光从云端里轻俯下来，在那女子胸前的珠串上，水息的烟尾上，印下一个慈吻，微哂，重复登上她的云艇，上前驶去。

一家别院的楼上，窗帘不曾放下，几枝肥荡的桐叶正在玻璃上摇曳斗趣，月光窥见了窗内一张小蚊床上紫纱帐里，安眠着一个安琪儿似的小孩，她轻轻挨进身去，在他温软的眼睫上，嫩桃似的腮上，抚摸了一会。又将她银色的纤指，理齐了他脐园的额发，霭然微哂着，又回云海去了。

一个失望的诗人，坐在河边一块石头上，满面写着忧郁的神情，他爱人的情影，在他胸中像河水似的流动，他又不能在失望的渣滓里榨出些微甘液，他张开两手，仰着头，让大慈大悲的月光，那时正在过路，洗沐他泪线显肿的眼眶，他似乎感觉到清沁的安慰，立即摸出一管笔，在白衣襟上写道："月光，你是失望儿的乳娘！"

面海一座柴屋窗檀里，望得见屋里的内容：一张小桌上放着半块面包和几条冷肉，晚餐的乘作，窗前几上开着一本家用的圣经，炉架上两座点着的炉台，不住地流泪，旁边坐着一个皱面驼腰的老妇人，两眼半闭不闭地落在伏在她膝上悲泣的一个少妇，她的长裙散在地板上像一只大花蝶。老妇人掉头向窗外望，只见远远海涛起伏，和慈祥

的月光在拥抱蜜吻，她叹了声气向着斜照在圣经上的月彩嗫道："一——真绝望了！真绝望了！"

她独自在她精雅的书室里，把灯火一齐熄了，倚在窗口一架藤椅上，月光从东墙上斜泻下去，笼住她的全身，在花瓶上幻出一个窈窕的情影；她两根乖辫的发梢，她微润的媚唇，和庭前几茎高峙的玉兰花，都在静秘的月色中微颤。她加她的呼吸，吐出一股幽香，不但邻近的花草，连月儿闻了，也禁不住迷醉，她腮边天然的妙涡，已有好几日不圆满：她瘦损了。但她在想什么呢？月光，你能否将我的梦魂带去，放在离她三五尺的玉兰花枝上。

威尔斯西境一座矿床附近，有三个工人，口叼着笨重的烟斗，在月光中间坐。他们所能想到的话都已讲完，但这异样的月彩，在他们对面的松林，左首的溪水上，平添了不可言语比说的媚，惟往他们工余倦极的眼珠不阖，彼此不约而同今晚较往常多抽了两斗的烟，但他们矿火蕉黑、煤块擦黑的面容，表示他们心灵的薄弱，在享乐烟斗以外：虽经秋月溪声的刺激、也不能有精美情绪之反感。等月影移西一些，他们默默地扑出一斗灰，起身进屋，各自登床睡去。月光从屋背飘眼望进去，只见他们都已睡熟：他们即使有梦，也无非矿内矿外的景色。

月光渡过了爱尔兰海峡，爬上海尔佛林的高峰，正对着默默的红潭，潭水凝定得像一大块冰、铁青色，四围斜坦的小峰，间全都满铺着蟹清和蛋白色的岩片碎石，一株矮树都没有。沿潭间有些丛草，那全体形势，正像一大青碗，现在满盛了清洁的月辉，静极了，草里不闻虫吟，水里不闻鱼跃；只有石缝里游涧渐沥之声，断续地作响，仿佛一座大教堂里点着一星小火，益发对煦出静穆宁寂的境界，月儿在铁色时潭面上，倦倚了半响，重复跂起她的银舄过山去了。

昨天船离了新加坡以后，方向从正东改为东北，所以前几天的船

梢正对落日，此后"晚霞的工厂"渐渐移到我们船向的左手来了。

昨夜吃过晚饭上甲板的时候，船右一海银波，在犀利之中涵有幽秘的彩色，凄清的表情，引起了我的凝视。那放银光的圆球正挂在你头上，如其起靠着船头仰望。她今夜并不十分鲜艳：她精圆的芳容上似乎轻笼着一层藕灰色的薄纱；轻漾着一种悲咽的声调；轻染着几痕泪花的雾霭。她并不十分鲜艳，然而她素洁温和的光线中，犹之少女浅蓝妙眼的斜暝；犹之春阳融解在山颠白雪的反映的嫩色，含有不可解的谜力，媚态，世间凡具有感觉性的人，只要承沐着她的轻辉，就发生也是不可理解的反应，引起隐覆的内心境界的紧张，——像琴弦一样，——人生最微妙的情绪，戟震生命所蕴藏高洁名贵创现的冲动。有时在心理状态之前，或于同时，撼动躯体组织，使感觉血液中突起冰流之冰流，嗅神经难禁之酸辛，内藏汹涌之跳动，泪线之骤热与润湿。那就是秋月兴起的秋思——愁。

昨晚的月色就是秋思的泉源，岂止，直是悲哀幽骚悱怨沉郁的象征，是季候运转的伟剧中最神秘亦最自然的一幕，诗艺界最凄凉亦最微妙的一个消息。

今夜月明人望，不知秋思在谁家。

中国字形具有一种独一的妩媚，有几个字的结构，我看来纯是艺术家的匠心：这也是我们国粹之尤粹者之一。譬如"秋"字，已是一个极美的字形；"愁"字更是文字史上有数的杰作，有石开湖晕，风扫松针的妙处，这一群点画的配置，简直经过柯罗的书篆，米仡朗其罗的雕圭 Chogin 的神感；像——用一个科学的比喻——原子的结构，将旋转宇宙的大力收缩成一个无形无踪的电核；这十三笔造成的象征，似乎是宇宙和人生悲惨的现象和经验，吁喟和涕泪，所凝成最纯粹精密的结晶，满充了催迷的秘力，你若然有高蒂闲（Gautier）异超的知感性，定然可以梦到，愁字变形为秋霞黯绿色的通明宝玉，若用银槌

轻击之，当吐银色的幽咽电蛇似腾人云天。

我并不是为寻秋意而看月，更不是为觅新愁而访秋月；蓄意沉浸于悲哀的生活，是丹德所不许的。我看见月而感秋色，因秋窗而拈新愁：人是一簇脆弱而富于反射性的神经！

我重复回到现实的景色，轻裹在云锦之中的秋月，像一个遍体蒙纱的女郎，他那团圆清朗的外貌像新娘，但同时他幂弦的颜色，那是藕灰，他蜘蹰的行动，掩位的痕迹，又使人疑是送丧的丽姝。所以我曾说："秋月呀我不盼望你团圆。"

这是秋月的特色，不论他是悬在落日残照边的新镰，与"黄昏晓"竞艳的眉勾，中霄斗没西陲的金碗，星云参差间的银床，以至一轮腴满的中秋，不论盈昃高下，总在原来澄爽明秋之中，遍洒着一种我只能称之为"悲哀的轻霭"和"传愁的以太"即使你原来无愁，见此也禁不得沾染那"灰色的音调"，渐渐兴感起来！

"秋月呀！
谁禁得起银指尖儿浪漫地搔爬呵！"

不信但看那一海的轻涛，可不是禁不住他玉指的抚摩，在那里低徊饮位呢！就是那无聊的云烟，秋月的美满，薰暖了飘心冷眼，也清冷地穿上了轻缟的衣裳，来参与这美满的婚姻和丧礼。

14. 北戴河海滨的幻想

◉ 徐志摩

他们都到海边去了。我为左眼发炎不曾去。我独坐在前廊，偎依在一张安适的大椅内，袒着胸怀，赤着脚，一头的散发，不时有风来

撩拂。清晨的晴爽，不曾消醒我初起时睡态；但梦思却半被晓风吹断。我关紧眼帘内视，只见一斑斑消残的颜色，一似晚霞的余赭，留恋地胶附在天边。廊前的马樱、紫荆、藤萝青翠的叶与鲜红的花，都将他们的妙影映印在水汀上，幻出幽媚的情态无数；我的臂上与胸前，亦满缀了绿荫的斜纹。

从树荫的间琼平练正见海湾海波亦似被晨瞳唤醒，黄蓝相间的波光，在欣然的舞蹈。滩边不时见白涛涌起，迸射着雪样的水花。

浴线肉点点的小舟与浴客，水禽似的浮着；幼童的嚷叫，与水波拍岸声，与潜涛呜咽声，相间的起伏，竞报一滩的生趣与乐意。

但我独坐的廊前，却只是静静的，静静的无甚声响。妩媚的马樱，只是幽幽的微展着，蝇虫也敛翅不飞。因有远近树里的秋蝉，在纺纱似的锤引他们不尽的长吟。

在这不尽的长吟中，我独坐在冥想。难得是寂寞的环境，难得是静定的意境；寂寞中有不可言传的和谐，静默中有无限的创造。

我的心灵，比如海滨，生平初度的怒潮，已经渐次的消翳，只剩疏松的海砂中偶尔的回响，更有残缺的贝壳，反映星月的辉芒。

此时摸索潮余的斑痕，追想当时汹涌的情景，是梦或是真，再亦不须辩问。只此眉梢的轻皱，唇边的微哂，已足解无穷的奥绪，深深的蕴伏在灵魂的微纤之中。

青年永远趋向反叛，爱好冒险；永远如初度的航海者，幻想黄金机缘于浩渺的烟波之外：想割断系岸的缆绳，扯起风帆，欣欣的投入无垠的怀抱。他厌恶的是平安，自喜的是放纵与豪迈。

无颜色的生涯，是他目中的荆棘；绝海与凶险，是他爱取由的途径。

他爱折玫瑰；为她的色香，亦为她冷酷的刺毒。他爱搏狂澜：为他的庄严与伟大，亦为他吞噬一切的天才，最是激发他探险与好奇的

动机。

他崇拜行动：不可测，不可节，不可预逆，起动，消歇皆在无形中，狂风似的倏忽与猛烈与神秘。他崇拜斗争：从斗争中求剧烈的生命之意义，从斗争中求绝对的实在，在血染的战阵中，呼吸胜利之狂欢或歌败丧的哀曲。

幻象消灭是人生里命定的悲剧；青年的幻灭，更是悲剧中的悲剧，夜一般的沉黑，死一般的凶恶。纯粹的，猖狂的热情之火，不同阿拉亭的神灯，只能放射一时的异彩，不能永久的朗照；转瞬间，或许，便已敛熄了最后的火舌，只留存有限的余烬与残灰，在未灭的余温里自伤与自慰。

流水之光，星之光，露珠之光，电之光，在青年的妙目中闪耀，我们不能不惊讶造化者艺术之神奇，然可怖的黑影，倦与衰与饱食的黑影，同时亦紧紧的跟着时日进行，仿佛是烦恼、痛苦、失败，或庸俗的尾曳，亦在转瞬间，彗星似的扫灭了我们最自傲的神辉——流水涸，明星没，露珠散灭，电闪不再！

在这艳丽的日辉中，只见愉悦与欢舞与生趣，希望，闪烁的希望，在荡漾，在无穷的碧空中，在绿叶的光泽里，在虫鸟的歌吟中，在青草的摇荡中——夏之荣叶，春之成功。春光与希望，是长驻的；自然与人生，是调谐的。

远处有福的山谷内，莲馨花在坡前微笑，稚羊在乱石间跳跃，牧童们，有的吹着芦笛，有的平卧在草地上，仰看变幻的浮游的白云，放射下的青影在初黄的稻田中缥缈的移过。在远处安乐的村中，有妙龄的村姑，在流涧边照映她自制的春裙；口衔烟斗的农夫三四，在预度秋收的丰盈，老妇人们坐在家门外阳光中取暖，她们的周围有不少的儿童，手擎着黄白的钱花在环舞与欢呼。

在远——远处的人间，有无限的平安与快乐，无限的春光……

在此暂时可以忘却无数的落蕊与残红；亦可以忘却花荫中掉下的枯叶，私语地预告三秋的情意；亦可以忘却苦恼的僵瘪的人间，阳光与雨露的殷勤，不能再恢复他们腮颊上生命的微笑，亦可以忘却纷争的互杀的人间，阳光与雨露的仁慈，不能感化他们凶恶的兽性；亦可以忘却庸俗的卑琐的人间，行云与朝露的丰姿，不能引逗他们刹那间的凝视；亦可以忘却自觉的失堂的人间，绚烂的春时与媚草，只能反激他们悲伤的意绪。

我亦可以暂时忘却我自身的种种；忘却我童年期清风白水似的天真；忘却我少年期种种虚荣的希冀；忘却我渐次的生命的觉悟；忘却我热烈时理想的寻求；忘却我心灵中乐观与悲观的斗争；忘却我攀登文艺高峰的艰辛；忘却刹那的启示与澈悟之神奇；忘却我生命潮流之骤转；忘却我陷落在危险的漩涡中之幸与不幸，忘却我追忆不完全的梦境；忘却我大海里埋着的秘密；忘却曾经刳割我灵魂的利刃，炮烙我灵魂的烈焰，摧毁我灵魂的狂飙与暴雨，忘却我的深刻的怨与艾；忘却我的冀与愿；忘却我的恩泽与惠感；忘却我的过去与现在……

过去的实在，渐渐的膨胀，渐渐的模糊，渐渐的不可辨认现在的实在，渐渐的收缩，逼成了意识的一丝，细极狭极的线丝，又裂成了无数不相连续的黑点……黑点亦渐次的隐翳？

幻术似的灭了，灭了，一个可怕的黑暗的空虚……

15. 浓得化不开之一

● 徐志摩

大雨点打上芭蕉有铜盆的声音，怪。"红心蕉"，多美的字面，红得浓得好。要红，要热，要烈，就得浓，浓得化不开，树胶似的才有意思，"我的心像芭蕉的心，红……"不成！"紧紧的卷着，我的红浓的芭蕉的心……"更不成。趁早别再诌什么诗了。自然的变化，只要你有眼，随时随地都是绝妙的诗。完全天生的。白做就不成。看这骤雨，这万千雨点奔腾的气势，这迷蒙，这渲染，看这一小方草地生受这暴雨的侵凌，鞭打，针刺，脚踹，可怜的小草，无辜的……可是慢着，你说小草要是会说话。它们会嚷痛，会叫冤不？难说他们就爱这门儿——出其不意的，使蛮劲的，太急一些，当然，可这正见情热，谁说这外表的凶狠不是变相的爱。有人就爱这急劲儿！

再说小草儿吃亏了没有，让急雨狼虎似的胡亲了这一阵子？别说了，它们这才真漏着喜色哪，绿得发亮，绿得生油，绿得放光。它们这才乐哪！

呋，一首淫诗。蕉心红得浓，绿草绿成油。本来末，自然就是淫，它那从来不知厌满的创化欲的表现还不是淫：淫，甚也。不说别的，这雨后的泥草间就是万千小生物的胎宫，蚊虫、甲虫、长脚虫、青跳虫、慕光明的小生灵，人类的大敌。热带的自然更显得浓厚，更显得猖狂，更显得淫，夜晚的星都显得玲珑些，像要向你说话半开的妙口似的。

可是这一个人耽在旅舍里看雨，够多凄凉。上街不知向那儿转，一只熟脸都看不见，话都说不通，天又快黑，胡湿的地，你上那儿去？得。"有孤王……"一个小声音从廉枫的嗓子里自己唱了出来。"坐至在梅……"怎么了！哼起京调来了？一想着单身就转着梅龙镇，再转就该是李凤姐了吧，哼！好，人高超的诗思堕落到腐败的戏腔！可是京戏也不一定是腐败，何必一定得跟着现代人学势利？正德皇帝在梅龙镇上，林廉枫在星家坡。他有凤姐，我——惭愧没有。廉枫的眼前晃着舞台上凤姐的倩影，曳着围巾，托着盘，踏着跷。"自幼儿"

……去你的！可是这闷是真的。雨后的天黑得更快，黑影一幕幕的直盖下来，麻雀儿都回家了。干什么好呢？有什么可干的？这叫做孤单的况味。这叫做闷。怪不得唐明皇在斜谷口听着栈道中的雨声难过，良心发见，想着玉环……我负了卿，负了卿……转自忆荒茔，——呒，又是戏！又不是戏迷，左哼右哼哼什么的！出门吧。

廉枫跳上了一架车，也不向那带回子帽的马来人开口，就用手比了一个丢圈子的手势。那马来人完全了解，脑袋微微的一侧，车就开了。焦桃片似的店房，黑芝麻长条饼似的街，野兽似的汽车，磕头虫似的人力车，长人似的树，矮树似的人。廉枫在急掣的车上快镜似的收着模糊的影片，同时顶头风刮得他本来梳整齐的分边的头发直向后冲，有几根沾着他的眼皮痒痒的舐，掠上了又下来，怪难受的。这风可真凉爽，皮肤上，毛孔里，那儿都受用，像是在最温柔的水波里游泳。做鱼的快乐。气流似乎是密一点，显得沉。一双疏荡的胳膊压在你的心窝上……确是有肉麻的气息，浓得化不开。快，快，芭蕉的巨灵掌，椰子树的旗头，橡皮树的白鼓眼，棕榈树的毛大脑，合欢树的红花痫，无花果树的要饭腔，蹲着脖子，弯着臂膊……快，快：马来人的花棚，中国人家的氅灯，西洋人家的牛奶瓶，回子的回子帽，一脸的黑花，活像一只煨灶的猫……

车忽然停住在那有名的储水潭的时候，廉枫快活的心，转得比车轮更显得快，这一顿才把他从幻想里插了回来。这时候旅困是完全叫风给刮散了。风也刮散了天空的云，大狗星张着大眼霸占着东半天，猎夫只看见两支腿，天马也只漏半身，吐鲁士牛大哥只翘着一支小尾。咦，居然有湖心亭。这是谁的主意？红毛人都雅化了，唉不坏，黄昏未死的紫熏，湖边丛林的倒影，林树间艳艳的红灯，瘦玲玲的窄堤桥连通着湖亭。水面上若无若有的涟漪，天顶几颗疏散的星。真不坏。但他走上堤桥不到半路就发现那亭子里一齿齿的把柄，原来这是为安

量水表的，可这也将就，反正轮廓是一座湖亭，平湖秋月……咦有人在哪！这回他发现的是靠亭栏的一双人影，本来是糊成一饼的，他一走近打搅了他们。"道歉，有扰清兴，但我还不只是一朵游云，虑俺作甚。"廉枫默诵著他白的念头，粗粗望了望湖，转身走了回去。"苟……"他坐上车起首想，但他记起了烟卷，忙着在风尖上划火，下文如其有，也在他第一喷喷龙卷烟里没了。

廉枫回进旅店门仿佛又投进了昏沉的圈套，一阵热，一阵烦，又压上了他在晚凉中疏爽了来的心胸。他正想吧一中安命的气走上楼去，他忽然感到一股彩流的袭击从右首窗边的桌座上飞骠了过来。一种巧妙的敏锐的刺激，一种艳的警告，一种不是没有美感的迷惑。只有在巴黎晦盲的市街上走进新派的画店时，仿佛感到过相类的惊俗。一张佛拉明果的野景，一幅玛提斯的窗景，或是佛朗次马克的一方人头马面。或是马克夏高尔的一个卖菜老头。可这是怎么了，那窗透又没有挂什么未来派的画，廉枫最初感觉到的是一球大红，像是火焰；其次是一片乌黑，墨晶似的浓，可又花须似的轻柔；再次是一流蜜，金漾漾的一泻，再次是朱古律（Chocolate），饱和着奶油最可口的朱古律。这些色感因为浓初来显得凌乱，但瞬息间线条和轮廓的辨认笼住了色彩的蓬勃的波流。廉枫幽幽的喘了一口气。"一个黑女人，什么了！"可是多妖艳的一个黑女，这打扮真是绝了，艺术的手腕神化了天生的材料，好！乌黑的惺松的是她的发，红的是一边鬓角上的插花，蜜色是她的玲巧的挂肩朱古律是姑娘的肌肤的鲜艳，得儿朗打打，得儿铃丁丁……廉枫停步在楼梯边的欣赏不期然的流成了新韵。

"还漏了一点小小的却也不可少的点缀，她一只手腕上还带着一小支金环哪。"廉枫上楼进了房还是尽转着这绝妙的诗题——色香味俱全的奶油朱古律，耐宿儿老牌，两个辩士一厚块，拿铜子往轧缝里放，一，二，再拉那铁环，喂，一块印金字红纸包的耐宿儿奶油朱古

律。可口！最早黑人上画的怕是孟内那张奥林比亚吧，有心机的画家，廉枫躺在床上在脑筋里翻着近代的画史。有心机有胆识的画家，他不但敢用黑，而且敢用黑来衬托黑，唉，那斜躺着的奥林比亚不是髻上也插着一朵花吗？底下的那位很有点像奥林比亚的抄本，就是白的变黑了。但最早对朱古律的肉色表示敬意的可还得让还高根，对了，就是那味儿，浓得化不开，他为人间，发现了朱古律皮肉的色香味，他那本 Noa，Noa 是二十世纪的"新生命"——到"半开化，全野蛮的风土间去发现文化的本真，开辟文艺的新感觉……"

但底下那位朱古律姑娘倒是作什么的？作什么的，傻子！她是一个人道主义者，一筏普济的慈航，她是赈灾的特派员，她是来慰藉旅人的幽独的。可惜不曾看清她的眉目，望去只觉得浓，浓得化不开，谁知道她眉清还是目秀！眉清目秀！思想落后！唯美派的新字典上没有这类腐败的字眼。且不管她眉目，她那姿态确是动人，怯怜怜的，简直是秀丽，衣服也剪裁得好，一头蓬松的乌霞就耐人寻味。"好花儿出至在僻岛上！"廉枫闭着眼又哼上了。……

"谁，"窸窣的门响将他从床上惊跳了起来，门慢慢的自己开着，廉枫的眼前一亮，红的！一朵花；是她！进来了！这怎么好！镇定，傻子，这怕什么。

她果然进来了，红的、蜜的、乌的、金的、朱古律、耐宿儿、奶油，全进来了，你不许我进来吗？朱古律笑口的低声的唱着，反手关上了门。这回眉目认得清楚了清秀，秀丽，韶丽；不成，实在得另翻一本字典，可是"妖艳"，总合得上。廉枫迷糊的脑筋里挂上了"妖""艳"两个大字。朱古律姑娘也不等请，已经自己坐上了廉枫的床沿，你倒像是怕我似的，我又不是马来半岛上的老虎！朱古津的浓重的香团团围裹住了半心跳的旅客。浓得化不开！李凤姐，李凤姐，这不是你要的好花儿自己来了！笼着金环的一支手腕放上了他的身，紫姜的

一支小手把住了他的手。廉枫从没有知道他自己的手有那样的白。"等你家哥哥回来"……廉枫觉得他自己变了骤雨下的小草，不知道是好过，也不知道是难受。湖心亭上那一饼子黑影。大自然的创化欲。你不爱我吗？

朱古律的声音也动人——脆，幽媚。一支青蛙跳进了池潭，扑崔！猎夫该从林子里跑出来了吧？你不爱我吗？我知道你爱，方才你在楼梯边看我我就知道，对不对亲孩子？紫姜辣上了他的面庞，救驾！快辣上他的口唇了。可怜的孩子，一个人住着也不嫌冷清，你瞧，这胖胖的荷兰老婆都让你抱疼了，你不害臊吗？廉枫一看果然那荷兰老婆让他给挤扁了，他不由的觉得脸有些发烧。我来做你的老婆好不好？朱古律的乌云都盖下来了。"有孤王……"使不是，朱古律，盖苏文，青面獠牙的……"干米一家的姑母，"血盆的大口，高耸的颧骨，狼嗥的笑响……鞭打，针刺，脚踢——喜色，呸，见鬼！唷，闷死了，不好，茶房！

廉枫想叫可是嚷不出，身上油油的觉得全是汗。醒了醒了，可了不得，这心跳得多厉害。荷兰老婆活该遭劫，夹成了一个破烂的葫芦。廉枫觉得口里直发腻，紫姜，朱古律，也不知是什么，浓得化不开。

16. 浓得化不开之二

● 徐志摩

廉枫到了香港，他见的九龙是几条盘错的运货车的浅轨，似乎有头，有尾，有中段，也似乎有隐现的爪牙，甚至在火车头穿度那栅门时似乎有迷漫的云气。中原的念头，虽则有广九车站上高标的大钟的

暗示，当然是不能在九龙的云气中幸存。这在事实上也省了许多无谓的感慨。因此眼看着对岸，屋字像樱花似盛开着的。座山头，如同对着希望的化身，竟然欣欣的上了渡船。从妖龙的脊背上过渡到希望的化身去。

富庶，真富庶，从街角上的水果摊看到中环乃至上环大街的珠宝店；从悬挂得如同 Banyan 树一般繁衍的腊食及海味铺看到穿着定阔化边艳色新装走街的粤女；从石子街的花市看到饭店门口陈列着"时鲜"的花狸金钱豹以及在浑水盂内倦卧着的海狗鱼，唯一的印象是一个不容分析的印象：像浓密，琳琅，琳琅，廉枫似乎听得到钟磬相击的声响。富庶，真富庶。

但看香港，至少玩香港，少不了坐吊盘车之内去一趟。这吊着上去是有些好玩。海面、海港、海边，都在轴轳声中继续的往下沉。对岸的山，龙蛇似盘旋着的山脉，也往下沉。但单是直落的往下沉还不奇，妙的是一边你自身凭空的往上提，一边绿的一角海，灰的一陇山，白的方的房屋，高直的树，都怪相的一头吊了起来，结果是像一幅画斜提着看似的。同时这边的山头从平放的馒头变成侧竖的，山腰里的屋子从横刺里倾斜了去，相近的树木也跟着平行的来。怪极了。原来一个人从来不想到他自己的地位也有不端正的时候；你坐在吊盘车里只觉得眼前的事物都发了疯，倒竖了起来。

但吊盘车的车里也有可注意的。广个女性在廉枫的前几行椅座上坐着。她满不管车外拿大鼎的世界，她有她的世界。她坐着，屈着一枝腿，脑袋有时枕着椅背，眼向着车顶望，一个手指含在唇齿间。这不由人不注意。她是中一个少妇与少女间的年轻女子。这不由人不注意，虽则车外的世界都在那里倒竖着玩。

她在前面走。上山。左转弯，右转弯，宕一个山腰的弧线。她在前面走。沿着山堤，靠着岩壁，转入 Aloe 丛中，绕着一所房舍，抄一

摺小径，拾几级石磴，她在前面走。如其山路的姿态是婀娜，她的也是的。灵活的山腰身，灵活的女人的腰身。浓浓的摺叠着，融融的松散着。肌肉的神奇！动的神奇！

廉枫心目中的山景，一幅幅的舒展着，有的山背海，有的山套山，有的浓荫，有的巉岩，但不论精粗，每幅的中点总是她，她的动，她的中段的摆动。但当她转入一个比较深奥的山坳的时廉枫猛然记起了 Tanhauser 的幸运与命运——吃灵魂的薇纳丝。一样的肥满。前面别是她的洞府，呒，危险，小心了！

她果然进了她的洞府，她居然也回头看来。她竟然而似乎在回头时露着微哂的瓠犀。孩子，你敢吗？那洞府迳直的石级，竟像直通上天。她进了洞了。但这时候路旁又发生一个新现象，惊醒了廉枫"邓浩然"的遐想。一个老婆子操着最破烂的粤音问他要钱。她不是化子，至少不是职业的，因为她现成有她体面的职业。她是一个劳工。她是一个挑砖瓦的。挑砖瓦上山因红毛人要造房子。新鲜的是她同时挑着不止一副重担，她的是局段的回复的运输。挑上一担，走上一节路，空身下来再挑一担上去，如此再下再上，再下再上。她不但有了年纪，她并且是个病人。她的喘是哮喘，不仅是登高的喘，她也咳嗽，她有时全身都咳嗽。但她可解释错了。她以为廉枫停步在路中是对她发生了哀怜的趣味；以为看上了她！她实在没有注意到这位年轻人的眼光曾经飞注到云端里的天梯上。她实想不到在这寂寞的山道上会有与她利益相冲突的现象。她当然不能使她失望。当得成全他的慈悲心。她向他伸直了她的一支焦枯得像只壳似的手，口里呢哺着她是最柔软的语调。但"她"已经进洞府了。

往更高处去。往顶峰的顶上去。头顶着天，脚踏着地尖，放眼到寥廓的天边，这次的凭眺不是寻常的凭眺。这不是香港，这简直是蓬莱仙岛。廉枫的全身，他的全人，他的全心神，都感到了醺醉、觉得

震荡。宇宙的肉身的神奇。动在静中，静在动中的神奇。在一刹那间，在他的眼内、在他的全生命的眼内，这当前的景象幻化成一个神灵的微笑，一折完美的歌调，一朵宇宙的琼花。一朵宇宙的琼花在时空不容分忱的仙掌上俄然的擎出了它全盘的灵异。山的起伏，海的起伏，光的起伏；山的颜色，水的颜色，光的颜色——形成了一种不可比况的空灵，一种不可比况的节奏，一种不可比况的谐和。一方宝石，一球纯晶，一颗珠，一个水泡。

但这只是一刹那，也许只许一刹那。在这刹那间廉枫觉得他的脉搏都止息了跳动。他化入了宇宙的脉搏。在这刹那间一切都融合了，一切都消纳了，一切都停止了它本体的现象的动作来参加这"刹那的神奇"的伟大的化生。在这刹那间他上山来心头累聚着的杂格的印象与思绪梦似的消失了踪影。倒挂的一角海，龙的爪牙，少妇的腰身，老妇人的手与乞讨的碎琐，薇纳丝的洞府，全没了。但转瞬间现象的世界重复回返。一层纱幕，适才静眼纵览时顿然揭去的那一层纱幕，重复不容商榷的盖上了大地。在你也回复了各自的辨认的感觉。这景色，是美，美极了的，但不再是方才那整个的灵异。另一种文法，另一种关键，另一种意义也许，但不再是那个。它的来与它的去，正如恋爱，正如信仰，不是意力可以支配，可以作主的。他这时候可以分别的赏识这一峰是一个秀挺的莲苞，那一屿像一只雄蹲的海豹，或是那湾海像一钩的眉月；他也能欣赏这幅天然画图的色彩与线条的配置，透视的匀整或是别的什么，但他见的只是一座山峰，一湾海，或是一幅画图。他尤其惊讶那波光的灵秀，有的是绿玉，有的是紫晶，有的是琥珀，有的是翡翠，这波光接连着山岚的晴霭，化成一种异样的珠光，扫荡着无际的晴空，但就这也是可以指点，可以比况给你身旁的友伴的一类诗意，也不再是初起那回事。这层遮隔的纱幕是盖定的了。

因此廉枫拾步下山时心胸的舒爽与恬适不是不和杂着，虽则是隐

67

隐的，一些无名的惆怅。过山腰时他又飞眼望了望那"洞府"，也向路侧寻觅那挑砖瓦的老妇，她还是忙着搬运着她那搬运不完的重担，但他对她，犹是对"她"，兴趣远不如上山时的那样馥郁了。他到半山的凉座地方坐下来休息时，他的思想几乎完全中止了活动。

17. 信仰底哀伤

● 许地山

在更阑人静底时候，伦文就要到池边对他心里所立底乐神请求说："我怎能得着天才呢？我的天才缺乏了，我要表现的，也不能尽地表现了！天才可以像油那样，日日添注入我这盏小灯么？若是能，求你为我，注入些少。"

"我已经为你注入了。"

伦先生听见这句话，便放心回到自己的屋里。他舍不得睡，提起乐器来，一口气就制成一曲。自己奏了又奏，觉得满意，才含着笑，到卧室去。

第二天早晨，他还没有盥漱，便又把昨晚上底作品奏过几遍；随即封好，教人邮到歌剧场去。

他的作品一发表出来，许多批评随着在报上登载八九天。那些批评都很恭维他：说他是这一派，那一派。可是他又苦起来了！

在深夜的时候，他又到池边去，垂头丧气地对着池水，从口中发出颤声说："我所用底音节，不能达我的意思么？呀，我的天才丢失了！再给我注入一点罢。"

"我已经为你注入了。"

他屡次求，心中只听得这句回答。每一作品发表出来，所得的批评，每每使他忧郁不乐。最后，他把乐器摔碎了，说："我信我的天才丢了，我不再作曲子了。唉，我所依赖的，枉费你眷顾我了。"

自此以后，社会上再不能享受他的作品；他也不晓得往哪里去了。

（原刊 1922 年 4 月《小说月报》第 13 卷第 4 号）

18. 我想

◉ 许地山

我想什么？

我心里本有一条达到极乐园地的路，从前曾被那女人走过底；现在那人不在了。这条路不但是荒芜，并且被野草、闲花、棘枝、绕藤占据得找不出来了！

我许久就想着这条路，不单是开给她走的，她不在，我岂不能独自来往？

但是野草、闲花这样美丽、香甜，我想舍得把他们去掉呢？棘枝、绕藤又那样横逆、蔓延，我手里又没有器械，怎敢惹他们呢？我想独自在那路上徘徊，总没有实行的日子。

日子一久，我连那条路的方向也忘了。我只能日日跑到路口那个小池底岸边静坐，在那里怅望，和沉思那草掩、藤封底道途。

狂风一吹，野花乱坠，池中锦鱼道是好饵来了，争着上来唼喋。我所想底，也浮在水面被鱼唼入口里；复幻成泡沫吐出来，仍旧浮回空中。

鱼还是活活泼泼地游；路又不肯自己开了；我更不能把所想的撇在一边，呀！

我定睛望着上下游泳的锦鱼，我的回想也随着上下游荡。

呀，女人！你现在成为我"记忆的池"中的锦鱼了。你有时浮上来，使我得以看见你；有时沉下去，使我费神猜想你是在某片落叶底下，或某块沙石之间。

但是那条路的方向我早忘了，我只能每日坐在池边，盼望你能从水底浮上来。

（原刊1922年8月《小说月报》第13卷第8号）

19. 坚毅之酬报

● 邹韬奋

一个人做事，在动手以前，当然要谨慎考虑；但是计划或方针已定之后，就要认定目标进行，不可再有迟疑不决的态度，这就是坚毅的精神。

大思想家乌尔德（WilliamWirt）曾经说过："对于两件事，要想先做哪一件，而始终不能决定，这种人一件事都不会做。还有人虽然决定了一件事的计划，但是一听了朋友的一句话，就要气馁；其先决定这个意思，觉得不对，既而决定那个意思，又觉得不对；其先决定这样办法，觉得不对，既而决定那样办法，又觉得不对；好像船上虽然有了罗盘针，而这个罗盘针却跟着风浪而时常变动的；这种人决不能做大事，决不能有所成就，这种人不能有进步，至多维持现状，大概还不免退步！"

有一个报界访员问发明家爱迪生："你的发现是不是往往意外碰到的？"他毅然答道："我从来没有意外碰到有价值的事情。我完全决定某种结果是值得下工夫去得到的，我就勇迈前进，试了又试，不肯罢休，直到试到我所预想的结果发生之后，我才肯歇！……我天性如此，自己也莫名其妙。无论什么事，一经我着手去做，我的心思脑力，总完全和他无顷刻的分离，非把他做好，简直不能安逸。"

坚毅的仇敌是"反抗的环境"，但是我们要知道"反抗的环境"正是创造我们能力的机会。反抗的环境能使我们养成更强烈的抵御的力量。每战胜过困难一次，便造成我们用来抵御其次难关的更大的能力。

文豪嘉莱尔（Carlyle）千辛万苦的著成一部《法国革命史》。当他第一卷要付印的时候，他穷得不得了，急急忙忙地押与一个邻居，不幸那本稿子跌在地下，给一个女仆拿去加入柴里去烧火，把他的数年心血，几分钟里烧得干干净净！这当然使他失望得不可言状，但是他却不是因此灰心的人。又费了许多心血去搜集材料，重新做起，终成了他的名著。

就是一天用一小时工夫求学问，用了十二年工夫，时间与在大学四年的专门求学的时间一样，在实际经验中参证所学，所得的效益更要高出万万！

（原载1927年11月27日《生活》周刊第3卷第4期）

20. 漫笔

● 邹韬奋

　　记者近在编译《革命文豪高尔基》一书，看到列宁对于党内信仰摇动的分子之坚决的不肯迁就不肯妥协的精神，受着很深的感动。先是社会民主党分裂而为两派，一为朴列哈诺夫所领导的孟希维克派，一为列宁所领导的布尔希维克派。高尔基很想设法把这两派团结起来，使全党的力量不致分散，而得着更大的力量，极力主张列宁和孟希维克派的麦托夫等开一会议，商量办法，列宁竟坚决的拒绝，甚至于说他宁愿分尸四段，不愿和这班人妥协。虽麦托夫讥笑他，说在俄国只有两个布尔希维克党人，一是柯尔郎推，一是列宁自己，但他只付之一笑，丝毫不为之游移。后来在布尔希维克党的自身，又有博达诺夫等一派人又以意见不合，分裂为"前进派"，高尔基又积极设法使他们重新结合，又被列宁严词拒绝，连高尔基都被他责备一番！后来事实上是列宁看准了，孟希维克和前进派一班人都在理论上立不住，渐渐地退到暗淡无光的角落里去了。

　　理论彻底，策略准确，然后以排除万难坚定不移的勇气和精神向前干去，必有成功的一日；即最初同志尽少，这种坚如金硬如铁的同志，一个可抵十个百个，内在的力量是异常伟大的。这是我所得到的最深刻的感想。糊里糊涂地干着，像"垃圾马车，一样地兼收并蓄，即一时好像轰轰烈烈，终必以虚伪的或盲目的信仰，被投机分子的尽量利用，徒然成为以主义为幌子，以私利为中心的一团乌合之众！

　　但是坚定不移的态度，必须出于理论上的彻底看清，策略上的彻底看准，然后才能在惊风骇浪中，拿定着舵，虽千转百折，仍朝着正确的方向前进，才终有达到彼岸的时候。否则自己糊涂，还要强人也糊涂，这便是刚愎自用，结果反足以偾事，此即所谓差以毫厘，谬以千里了。

（原载《生活》1933 年 4 月 8 日第 8 卷第 14 期）

21. 憧憬

● 庐　隐

亲爱的——

　　你瞧！这叫人怎么能忍受？灵魂生着病，环境又是如是的狼狈，风雨从纱窗里一阵一阵打进来，屋顶上也滴着水。我蜷伏着，颤抖着，恰像一只羽毛尽湿的小鸟，我不能飞，只有失神的等候——等待着那不可知的命运之神。

　　我正像一个落水的难人，四面汹涌的海浪将我紧紧包围，我的眼发花，我的耳发聋，我的心发跳，正在这种危急的时候，海面上忽然飘来一张菩提叶，那上面坐着的正是你，轻轻地悄悄地来到我的面前，温柔地说道："可怜的灵魂，来吧！我载你到另一个世界。"我惊喜地抬起头来，然而当我认清楚是你时，我怕，我发颤，我不敢爬上去。我知道我两肩所负荷的苦难太重了，你如何载得起？倘若不幸，连你也带累得沦陷于这无边的苦海，我又何忍？而且我很明白命运之神对于我是多么严重，它岂肯轻易的让我逃遁？因此我只有低头让一个一个白银似的浪花从我身上踏过。唉，我的爱，——你真是何必！世界

73

并不少我这样狼狈的歌者，世界并不稀罕我这残废的战士，你为什么一定要把我救起，而且你还紧紧的将我接在怀里，使我听见奇秘的弦歌，使我开始对生命注意！

啊，多谢你，安慰我以美丽的笑靥，爱抚我以柔媚的心光，但是我求你不要再对我遮饰，你正在喘息，你正在扎挣——而你还是那样从容地唱着摇篮曲，叫我安睡。可怜！我哪能不感激你？我哪能不因感激你而怨恨我自己？唉！我为什么这样渺小？这样自私？这样卑鄙？拿爱的桂冠把你套住，使你吃尽苦头？——明明是砒霜而加以多量的糖，使你尝到一阵苦一阵甜，最后你将受不了荼毒而致于沦亡。

唉，亲爱的，你正在为我柔歌时，我已忍心悄悄地逃了，从你温柔的怀里逃了，甘心为冷硬的狂浪所淹没。我昏昏沉沉在万流里漂泊，我的心发出忏悔的痛哭，然而同时我听见你招魂的哀歌。

爱人，世界上正缺乏真情的歌唱。人与人之间隔着万重的铜山，因之我虔诚地祈求你尽你的能力去唱，唱出最美丽最温柔的歌调，给人群一些新奇的同感。

我在苦海波心不知漂泊几何岁月，后来我飘到一个孤岛上，那里堆满了贝壳和沙砾，我听着我的生命在沙底呻吟，我看着撒旦站在黑云上狞笑。啊，我为我的末路悲悼，我不由地跪下向神明祈祷，我说："主呵！告诉我，谁藏着玫瑰的香露？谁采撷了智慧之果？……一切一切，我所需要的，你都告诉我！你知道我为追求这些受尽人间的坎坷！……一切一切，我所需要的，你都告诉我！你知道我为追求这些受尽人间的坎坷！……现在我将要回到你的神座下，你可怜我，快些告诉我吧！"

我低着头，闭着眼，虔诚地等候回答，谁想到你又是那样轻轻的悄悄地来了！你热烈地抱住我说："不要怕，我的爱！……我为追求你，曾跋涉过海底的宫阙，我为追求你，曾跪遍山岳；谁知那里一切

都是陌生，一切都是飘渺，哪有你美丽的倩影？哪有你熟悉的声音？于是我夜夜唱着招魂的哀歌，希冀你的回应；最后我是来到这孤岛边，我是找到了你！呵，我的爱，从此我再不能与你分离！"

啊，天！——这时我的口发渴，我的肚子饥饿，我的两臂空虚，——当你将我引到浅草平铺的海滨——我没有固执，我没有避忌，我忘记命运的残苛；我喝你唇上的露珠，我吃你智慧之果，我拥抱你温软的玉躯。那时你教给我以世界的美丽，你指点我以生命的奥义，唉，我还有什么不满足？然而，吾爱，你不要惊奇，我要死——死在你充满灵光洋溢情爱的怀里，如此，我才可以伟大，如此我才能不朽！

我的救主，我的爱，你赐予我的如是深厚，而你反谦和地说我给你的太多太多！

然而我相信这绝不是虚伪，绝不是世人所惯用的技巧，这是伟大的爱所发扬出来的彩霓！——美丽而协和，这是人类世界所稀有的奇迹！

今后人世莫非将有更美丽的歌唱，将有更神秘的微笑吗？我爱，这都是你的力量啊！

前此撒旦的狞笑时常在我心中徘徊，我的灵魂永远是非常狼狈——有时我似跳出尘寰，世界上的法则都从我手里撕碎，我游心于苍冥，我与神祇接近。然而有时我又陷在命运的网里，不能挣扎，不能反抗，这种不安定的心情像忽聚忽散的云影。吾爱，这样多变幻的灵魂，多么苦恼，我须要一种神怪的力将我维系，然而这事真是不容易。我曾多方面地试验过：我皈依过宗教，我服膺过名利，我膜拜过爱情，而这一切都太拘执太浅薄了，不能和我多变的心神感应，不能满足我饥渴的灵魂，使我常感到不调协，使我常感到孤寂，但是自碰见你，我的世界变了颜色——我了解不朽，我清楚神秘。

亲爱的，让我们似风和云的结合吧。我们永远互相感应，互相融

洽，那么，就让世人把我们摒弃，我们也绝对的充实，绝对的无憾。

亲爱的，你知道我是怎样怪癖，在人间我希冀承受每一个人的温情，同时又最怕人们和我亲近。我不需要形式固定的任何东西，我所需要的是适应我幽秘心弦的音浪。我哭，不一定是伤心；我笑，不一定是快乐，这一切外形的表现不能象征我心弦的颤动。有时我的眼泪和我的笑声是一同来的，这种心波，此前只在我自己知道，我自己感着，现在你是将我整个的看透了。你说：

> "我握着你的心，
> 我听你的心音；
> 忽然轻忽然沉，
> 忽然热忽然冷，
> 有时动有时静，——
> 我知道你最清。"

呵！这是何等深刻之言。从此我不敢藐视人群，从此我不敢玩弄一切，因为你已经照彻我的幽秘，我不再倔强，在你面前我将服贴柔顺如一只羔羊。呵，爱的神，你诚然是绝高的智慧，我愿永远生息于你的光辉之下，我也再不彷徨于歧路，我也再不望着前途流泪，一切一切你都给了我，新奇的觉醒——我的家，我的神……

你的冷鸥

1928 年

22．秋声

◉ 庐　隐

　　我曾酣睡于芬芳的花心，周围环绕着旖旎的花魂，和美丽的梦影，我曾翱翔于星月之宫，我歌唱生命的神秘，那时候正是芳草如茵，人醉青春！

　　不知几何年月，我为游戏来到人间，我想在这里创造更美丽的梦境，更和谐的人生。谁知不幸，我走的是崎岖的路程，那里没有花没有树，只有墙颓瓦碎的古老禅林，一切法相，也只剩了剥蚀的残身！

　　我踯躅于憧憧的鬼影之中，眷怀着绮丽的旧梦，忽然吹来一阵歌声，嘹栗而凄清，它似一把神秘的钥匙，掘起我心深处的伤痛。

　　我如荒山的一颗陨星，从前是有着可贵的光耀，而今已消失无踪！

　　我如深秋里的一片枯叶，从前虽有着可爱的青葱，而今只飘零随风！

　　可怕的秋声！世间竟有幸福的人，他们正期望着你的来临，但请你千万莫向寒窗悲吟，那里面正昏睡着被苦难压迫的病人，他的一切都埋没于年华的匆匆，而今是更荷着一切的悲愁，正奔赴那死的途程。这阵阵的悲吟怕要唤起他葬埋了的心魂，徘徊于哀伤的荒冢！

　　呵！秋声！你吹破青春的忧境，你唤醒长埋的心魂——这原是命运的播弄，我何敢怒你的残忍！

23. 异国秋思

◉ 庐　隐

自从我们搬到郊外以来，天气渐渐清凉了。那短篱边牵延着的毛豆叶子，已露出枯黄的颜色来，白色的小野菊，一丛丛由草堆里攒出头来，还有小朵的黄花在凉劲的秋风中抖颤，这一些景象，最容易勾起人们的秋思，况且身在异国呢！低声吟着"帘卷西风，人比黄花瘦"之句，这个小小的灵宫，是弥漫了怅惘的情绪。

书房里格外显得清寂，那窗外蔚蓝如碧海似的青天，和淡金色的阳光，还有夹着桂花香的阵风，都含了极强烈的，挑拨人类心弦的力量。在这种刺激之下，我们不能继续那死板的读书工作了。在那一天午饭后，波便提议到附近吉祥寺去看秋景，三点多钟我们乘了市外电车前去，——这路程太近了，我们的身体刚刚坐稳便到了。走出长甬道的车站，绕过火车轨道，就看见一座高耸的木牌坊，在横额上有几个汉字写着"井之头恩赐公园"。我们走进牌坊，便见马路两旁树木葱茏，绿荫匝地，一种幽妙的意趣，萦绕脑际，我们怔怔的站在树影下，好像身入深山古林了。在那枝柯掩映中，一道金黄色的柔光正荡漾着。使我想象到一个披着金绿柔发的仙女，正赤着足，踏着白云，从这里经过的情景。再向西方看，一抹彩霞，正横在那迭翠的峰峦上，如黑点的飞鸦，穿林翻翻，我一缕的愁心真不知如何安排，我要吩咐征鸿它带回故国吧！无奈它是那样不着迹的去了。

我们徘徊在这浓绿深翠的帷幔下，竟忘记前进了。一个身穿和服的中年男人，脚上穿着木屐，提塔提塔的来了。他向我们打量着，我们为避免他的觊觎，只好加快脚步走向前去。经过这一带森林，前面有一条鹅卵石堆成的斜坡路，两旁种着整齐的冬青树，只有肩膀高，一阵阵的青草香，从微风里荡过来。我们慢步的走着，陡觉神气清爽，一尘不染。下了斜坡，面前立着一所小巧的东洋式的茶馆，里面设了几张小矮几和坐褥，两旁列着柜台，红的蜜桔，青的苹果，五色的杂糖，错杂的罗列着。

"呀！好眼熟的地方！"我不禁失声的喊了出来。于是潜藏在心底的印象，陡然一幕幕的重映出来，唉！我的心有些抖颤了，我是被一种感怀已往的情绪所激动，我的双眼怔住，胸膈间充塞着悲凉，心弦凄紧的搏动着。自然是回忆到那些曾被流年蹂躏过的往事：

"唉！往事，只是不堪回首的往事呢！"我悄悄的独自叹息着。但是我目前仍然有一幅逼真的图画再现出来……

一群骄傲于幸福的少女们，她们孕育着玫瑰色的希望，当她们将由学校毕业的那一年，曾随了她们德高望重的教师，带着欢乐的心情，渡过日本海来领略蓬莱的名胜。在她们登岸的时候，正是暮春三月樱花乱飞的天气，那些缀绵点翠的花树，都是使她们乐游忘倦。她们从天色才黎明，便由东京的旅舍出发；先到上野公园看过樱花的残妆后，又换车到井之头公园来。这时疲倦袭击着她们，非立刻找个地点休息不可。最后她们发现了这个位置清幽的茶馆，便立刻决定进去吃些东西。大家团团围着矮凳坐下，点了两壶龙井茶，和一些奇甜的东洋点心，她们吃着喝着，高声谈笑着。她们真象是才出谷的雏莺；只觉眼前的东西，件件新鲜，处处都富有生趣。当然她们是被搂在幸福之神的怀抱里了。青春的爱娇，活泼快乐的心情，她们是多少可艳羡的人生呢？

但是流年把一切都毁坏了！谁能相信今天在这里徘徊追怀往事的我，也正是当年幸福者之一呢！哦！流年，残刻的流年呵！它带走了

人间的爱娇，它蹂躏了英雄的壮志，使我站在这似曾相识的树下，只有咽泪，我有什么方法，使年光倒流呢！

唉！这仅仅是九年后的今天。呀，这短短的九年中，我走的是崎岖的世路，我攀缘过陡峭的崖壁，我由死的绝谷里逃命，使我尝着忍受由心头淌血的痛苦，命运要我喝干自己的血汗，如同喝玫瑰酒一般……

唉！这一切的刺心回忆，我忍不住流下辛酸的泪滴，连忙离开这容易激动感情的地方吧！我们便向前面野草漫径的小路上走去。忽然听见一阵悲恻的唏嘘声，我仿佛看见张着灰色翅翼的秋神，正躲在那厚密的枝叶背后。立时那些枝叶都息息索索的颤抖起来。草底下的秋虫，发出连续的唧唧声，我的心感到一阵阵的凄冷，不敢向前去，找到路旁一张长木凳子坐下。我用滞呆的眼光，向那一片阴阴森森的丛林里睁视，当微风分开枝柯时，我望见那小河里的潺湲碧水了。水上皱起一层波纹，一只小划子，从波纹上溜过。两个少女摇着桨，低声唱着歌儿。我看到这里，又无端感触起来，觉到喉头梗塞，不知不觉叹道："故国不堪回首呵！"同时那北海的红漪清波浮现眼前，那些手携情侣的男男女女，恐怕也正摇着划桨，指点着眼前清丽秋景，低语款款吧！况且又是菊茂蟹肥时候，料想长安市上，车水马龙，正不少欢乐的宴聚，这漂泊异国，秋思凄凉的我们当然是无人想起的。不过，我们却深深的眷怀着祖国，渴望得些好消息呢！况且我们又是神经过敏的，揣想到树叶凋落的北平，凄风吹着，冷雨洒着的那些穷苦的同胞，也许正向茫茫的苍天悲诉呢！唉，破碎紊乱的祖国呵！北海的风光不能粉饰你的寒伧！来今雨轩的灯红酒绿，不能安慰忧患的人生，深深眷念着祖国的我们，这一颗因热望而颤抖的心，最后是被秋风吹冷了。

24. 夏的歌颂

◉ 庐 隐

出汗不见得是很坏的生活吧，全身感到一种特别的轻松。尤其是出了汗去洗澡，更有无穷的舒畅，仅仅为了这一点，我也要歌颂夏天。

其久被压迫，而要挣扎过——而且要很坦然的过去，这也不是毫无意义的生活吧，——春天是使人柔困，四肢瘫软，好象受了酒精的毒，再无法振作；秋天呢，又太高爽，轻松使人忘记了世界上有骆驼——说到骆驼，谁也忘不了它那高峰凹谷之间的重载，和那慢腾腾，不尤不怨的往前走的姿势吧！冬天虽然是风雪严厉，但头脑尚不受压轧。只有夏天，它是无隙不入的压迫你，你每一个毛孔，每一棵神经，都爱着重大的压轧；同时还有臭虫蚊子苍蝇助虐的四面夹攻，这种极度紧张的夏日生活，正是训练人类变成更坚强而有力量的生物。因此我又不得不歌颂夏天！

二十世纪的人类，正度着夏天的生活——纵然有少数阶级，他们是超越天然，而过着四季如春享乐的生活，但这太暂时了，时代的轮子，不久就要把这特殊的阶级碎为齑粉！——夏天的生活是极度紧张而严重，人类必要努力的挣扎过，尤其是我们中国不论士农工商军，哪一个不是喘着气，出着汗，与紧张压迫的生活拼命呢？脆弱的人群中，也许有诅咒，但我却认为只有虔敬的承受，我们尽量的出汗，我们尽量的发泄我们生命之力，最后我们的汗液，便是甘霖的源泉，这炎威逼人的夏天，将被这无尽的甘霖所毁灭，世界变成清明爽朗。

夏天是人类生活中，最雄伟壮烈的一个阶段，因此，我永远的歌颂它。

25. 我愿秋常驻人间

◉ 庐　隐

提到秋，谁都不免有一种凄迷哀凉的色调，浮上心头；更试翻古往今来的骚人、墨客，在他们的歌咏中，也都把秋染上凄迷哀凉的色调，如李白的《秋思》："……天秋木叶下，月冷莎鸡悲，坐愁群芳歇，白露凋华滋。"柳永的《雪梅香辞》："景萧索，危楼独立面晴空，动悲秋情绪，当时宋玉应同。"周密的《声声慢》："对西风休赋登楼，怎去得，怕凄凉时节，团扇悲秋。"

这种凄迷哀凉的色调，便是美的元素，这种美的元素只有"秋"才有。也只有在"秋"的季节中，人们才体验得出，因为一个人在感官被极度的刺激和压轧的时候，常会使心头麻木。故在盛夏闷热时，或在严冬苦寒中，心灵永远如虫类的蛰伏。等到一声秋风吹到人间，也正等于一声春雷，震动大地，把一些僵木的灵魂如虫类般的唤醒了。

灵魂既经苏醒，灵的感官便与世界万汇相接触了。于是见到阶前落叶萧萧下，而联想到不尽长江滚滚来，更因其特别自由敏感的神经，而感到不尽的长江是千古常存，而倏忽的生命，譬诸昙花一现。于是悲来填膺，愁绪横生。

这就是提到秋，谁都不免有一种凄迷哀凉的色调，浮上心头的原因。

其实秋是具有极丰富的色彩，极活泼的精神的，它的一切现象，并不象敏感的诗人墨客，所体验的那种凄迷哀凉。

当霜薄风清的秋晨，漫步郊野。你便可以看见如火般的颜色染在枫林、柿丛、和浓紫的颜色泼满了山巅天际，简直是一个气魄伟大的画家的大手笔，任意趣之所之，勾抹涂染，自有其雄伟的丰姿，又岂是纤细的春景所能望其项背？

至于秋的犀利，可以洗尽积垢；秋月的明澈，可以照烛幽微；秋是又犀利又潇洒，不拘不束的一位艺术家的象征。这种色调，实可以苏醒现代困闷人群的灵魂，因此我愿秋常驻人间！

26. 生命的宝灯

◉ 庐　隐

亲爱的：

我渴，我要喝翡翠叶上的露珠；我空虚，我要拥抱温软的主躯；我眼睛发暗，我要看明媚的心光；我耳朵发聋，我要听神秘的幽弦。呵！我需要一切，一切都对我冷淡，可怜我，这几天的心情徨于忧伤。

我悄对着缄默阴沉的天空虔诚的祷祝，我说："万能的主上帝，在这个世界里，我虽然被万汇摒弃，然而荼毒我的不应当是你，我愿将我的生命宝藏贡献在你的丹墀，我将终身作你的奴隶，只求你不要打破我幻影的倩丽！"

但是万能的主上帝说："可怜的灵魂呵，你错了，幸福与坎坷都在你自己。"

啊，亲爱的，我自从得到神明的诏示后，我不再作无益的悲伤了。

现在我要支配我的生命，我要装饰我的生命，我便要创造我的生命。亲爱的，我们是互为生命光明的宝灯，从今后我将努力的挹住你在我空虚的心宫——不错，我们只是"一"，谁能够将我们分析？——只是恶剧惯作的撒旦，他用种种的法则来隔开我们，他用种种阴霾来遮掩我们，故意使我们猜疑，然而这又何济于事？法则有破碎的时候，阴霾有消散的一天，最后我们还是复归于"一"。亲爱的，现在我真的心安意定，我们应当感谢神明，是它给了我们绝大的恩惠。

我们的生命既已溶化为"一"，那里还有什么伤痕？即使自己抓破了自己的手，那也是无怨无悔，轻轻的用唇——温气的唇，来拭净自痕，创伤更变为神秘。亲爱的，放心吧，你的心情我很清楚，因为我们的心弦正激荡着一样的音浪。愿你千万不要为一些小事介意！

这几天日子过得特别慢，星期（天）太不容易到了。亲爱的，你看我是怎样的需要你啊。你这几天心情如何？我祝福你快乐！

鸥

27. 夜的奇迹

● 庐 隐

宇宙僵卧在夜的暗影之下，我悄悄地逃到这黝黑的林丛，——群星无言，孤月沉默，只有山隙中的流泉潺潺溅溅的悲鸣，仿佛孤独的夜莺在哀泣。

山巅古寺危立在白云间，刺心的钟罄，断续的穿过寒林，我如受伤的猛虎，奋力的跃起，由山麓窜到山巅。我追寻完整的生命，我追寻自由的灵魂，但是夜的暗影，如厚幔般围裹住，一切都显示着不可挽救的悲哀。吁！我何爱惜这被若难剥蚀将尽的尸骸？我发狂似的奔回林丛，脱去身上血迹斑斑的征衣，我向群星忏悔，我向悲涛哭诉！

这时流云停止了前进，群星忘记了闪烁，山泉也住了呜咽，一切一切都沉入死寂！

我绕过丛林，不期来到碧海之滨，啊！神秘的宇宙，在这里我发现了夜的奇迹。

黝黑的夜幔轻轻的拉开，群星吐着清幽的亮光，孤月也踯躅于云间，白色的海浪吻着翡翠的岛屿，五色缤纷的花丛中隐约见美丽的仙女在歌舞。她们显示着生命的活跃与神妙。

我惊奇，我迷惘，夜的暗影下，何来如此的奇迹！

我怔立海滨，注视那岛屿上的美景，忽然从海里涌起一股凶浪，将岛屿全个淹没，一切一切又都沉入在死寂！

我依然回到黝黑的林丛，——群星无言，孤月沉默，只有山隙中的流泉潺潺溅溅的悲鸣，仿佛孤独的夜莺在哀泣。

吁！宇宙布满了罗网，任我百般挣扎，努力的追寻，而完整的生命只如昙花一现，最后依然消逝于恶浪，埋葬于尘海之心。自由的灵魂，永远是夜的奇迹！——在色相的人间，只有污秽与残骸，吁！我何爱惜这被苦难剥蚀将尽的尸骸——总有一天，我将焚毁于我自己郁怒的灵焰，抛这不值一钱的脓血之躯，因此而释放我可怜的灵魂！

这时我将摘下北斗，抛向阴霾满布的尘海。

我将永远歌颂这夜的奇迹！

28. 一个月夜里的印象

● 庐 隐

"灵筠她是一个活泼妙曼的女郎，脸上时时流露着和蔼的笑容；她不知道世界上有烦恼的事，更不明白甚么是耻辱和惨酷；她是喜欢研究自然科学和美学的一个有聪明有才智的女子……"

这个印象忽然浮上我的观念界来，我闭目宁神体贴她的优美恬静；要想把她描写出来，作我小说的材料，和美感的凭借。

一阵微风，轻轻把窗子吹开，一股清光射进我屋子来，呀！原来适才如雾如烟的细雨已经过去了；天上的乌云也都散尽；一轮皓月，也盈盈含笑露出她的面庞来。清光布满了大地，美丽的花影，迎着月光，荡着微风，隐约像美人临风轻舞；忽一阵清幽哀侧的箫声，断断续续从风中送过来，悠悠扬扬，流荡回旋，真有"三日绕梁"之慨。

我的灵魂被这神秘和微妙的感情浸润醉了。一枝秃笔不知不觉放了下来，拧灭了案前的电灯，屋子充满了沉静的空气和清碧的亮光；一种说不出来神秘的感情，飘飘荡荡细微好像游思，从神经总枢流露出来，散布到全身血管，立刻像是受了一种神秘的暗示，心房不住地跳动。

那如怨如慕、如泣如诉的箫声，刺得我的心都碎了；我的四肢也都软化了；我倚在栏杆旁怔怔地出神，我的心灵仿佛腾云驾雾，莫名其妙地落下泪来；歇了半晌，箫声住了。但是一阵低微凄切的歌声又由空气中送过来道——

> 月儿呀！你照遍了山和水，
> 独撇下山阴下那只微弱的小羊！
> 清风呀！你吹散了宇宙的尘埃，
> 偏不能吹散伊的烦恼！
> 他们为了恋爱！
> 无意中留下了伊；
> 结果抛弃了伊！
> 惨云愁雾遮没伊的光明——
> 呵！是伊的罪吗？

呀！好奇怪的歌，到底为了甚么？唱歌的人又是谁呢？……我不能知道。

但是我的思想永没有停住，想了又想，一个强烈的印象，现出在我的前面。

那座雅丽的庭园，在一天月色极好的夜里，一架绿叶繁茂的葡萄树下，他坐在那里，对着月儿不住的叹息，好久好久，他从衣袋里拿出一张六寸大的相片来，映着月光，隐约一个少妇，站在海边的岩石旁，一只洁白的小狗，伏在她的脚底下；她露着微微的笑容，态度十分娴雅。

他正在看得出神的时候，前日孤儿院中买来的那个女孩儿，恰好也到这里来玩耍；他忽然的心里一惊，不住对她看着——

"为什么这么相像？"他不知不觉说出这句话来，但是他又赶紧咽住。

"你姓什么？你的父母是谁？现在在那里？"

"先生，这个要问上帝，我一切都不知道！"她虽是这样说，但她的神气忽然变了，凄切哀怨的面纱，立刻罩在她的脸上。停了些时，

她望着他手里拿的相片问道:"先生,那是谁的相片?"

他被她一问,忍不住落下泪来,哽咽了半晌,才向她问道:"你认得我吗?"

"先生,我知道你姓吴,我认识你的时候在前天下午三点钟时,以前我不认得你,因为那天……是我初次到你这里来。"

"不错!你是前天到我家里来的,这相片上的人,你……你认得她吗?"说着把相片送到她面前,她接了,不禁"嗳呀!"的一声叫了出来——"这是谁?我好像见过,……或者我当真见过,但是我不记得是那一年,更不记得她是谁;但是她的影子时常在我脑子里,或隐或现。"

"你喜欢这照相上的人吗?"

"她若果待我好,我自然要喜欢她。"

"现在谁待你最好?……"

"先生,谁待我最好呵,——就是他——白毛的狮子狗,他时时刻刻给我作伴,安慰我,你看他现在不是还卧在我的身旁吗?"

"哦!他是待你最好?奇怪!奇怪!"

"先生,你别看它是个狗,他最有爱情的,他待我是最好;无论日里夜里他都要作我的保护神,安慰者,所以我一向只喜欢他,他比无论什么人待我都好!"

"哈!好孩子,我待你怎么样?你始终不喜欢我吗?"

"先生,你是贵重的人,你待我和我的同伴都很好,但我总觉得我的小狗对我更要亲切些,并且贫贱的人,不能任意喜欢贵人呢!"

"你的父母,你喜欢他们吗?"

"我应当要喜欢他们,因为他们是我的父母,他们养育我,保护我,常常亲近我……但是,先生,我是个不幸的人!我和别人不一样;我是没有父母的人!我最小的时候,是住在育婴堂,和我亲近的人,

是一个四十多岁的老媪！她皱纹满了的面皮——很露着苍老的样子，她天天喂我牛奶；因为不幸的人是得不到母亲乳哺的。后来我大了，他们送我到孤儿院去；那里有许多和我一样没有父母的小朋友，和我亲近；常常能爱我，安慰我；比我忍心抛弃我的父母好得多呢！我的父母抛弃了我，我为什么要喜欢他们？他们无故的生了我，又无故的抛弃了我；使我作一个失了保护的小羊羔，任人侮辱！一个自己不知道自己父母的人，谁提起来不要来讥讽他呢？先生这不是一件最难堪的事吗？"

"但是你现在要是知道了你的父母是谁，你恨他们吗？还是爱他们呢？"

她沉思半晌应道："或者可以不恨他们，但是我总要问他们为什么撇下我呢？"

忽然他们的声音都停止了，他脸上露着十分惭愧凄切的样子，看她那幽怨悲哽的神气，几乎要哭出来，但是他始终忍住了。后来又向她道：

"你实在是一个顶聪明，顶可怜的孩子，我明天送你到学堂里去念书，你愿意吗？"

"先生，当真的吗？你实在待我比我父母要好得多！我若是进了学堂，那些亲爱的朋友——和我一样不知道他们父母的朋友，一定要羡慕我得了一个好运气，先生，我真十分地感谢你，我的父母害我，使我不能喜欢他们！世上的人常常叫我做私生子，这不是顶不名誉的事情吗？孤儿院的院长曾和我说过……呀！先生你为什么哭了？"

"老实对你说罢！这世界上还有你的父亲呢。"

"先生，你说什么？谁是我的父亲？先生，我永远没有看见我的父亲，更没有听见说我有父亲！"

"你父亲和你母亲……"

"呀！先生我也有母亲吗？谢上帝！"

"你有母亲，并且是一个有貌有才的母亲；她和你父亲两人都有极浓挚深厚的爱情；因为不得家里的应许，结果就在前此十七年五月的时候，在一个刘牧师家里行了秘密婚礼，但是你外祖父家里因为要得一个候补道的缘故，勒令你母亲嫁给某部长作继室；那时距你生下来才五个月，因为没有地方寄养；就把你送到育婴堂去。但是不到半年，你母亲因忧愁，急，得了病，不久就死了！……你父亲是你祖父的独子，不能不再娶，但是他无时无刻不念你和你的母亲呢！……"

她受了极大的感动，伏在椅背上恸哭，呜呜咽咽的哭声立刻破了夜的沉静。

这个印象，很显明的印象，逐层的浮上心来，到了这印象的结果，哀怜和不平的同情充满了我的心田！

远远的箫声又悠悠扬扬的响起来了！"月儿"的歌又送到我耳壳里来。呀！吹箫的人是谁？不是前两年我在隔壁花园里所看见的女郎——那个私生子吗？……

箫声歌声慢慢静止了。忽一声深沉怨恻的叹息，在这沉静寂寞的空气中发出来；我全身的汗毛似乎都竦了起来，一股辛酸的味，贯通全身的动静脉，更由鼻子里透了出来，神经也起了极大的变动——悲愤填满了胸中！但那不解事的月儿，却很得意的立在碧蓝澄清的天空对着我微笑——含着讽刺的微笑——呵！烈焰烧毁我的心；爆裂我的血管；一朵红云涌上脸来；我迷迷昏昏地坐下了——坐在一张藤椅上。这时心里不更想什么，也不能想什么；忽然眼前一阵黑，恐惧的感情，将我唤醒了。定睛细看西北涌起一片沉默浓厚的黑云，遮住吐青光的月儿，大地上顿现出黯淡的景象；我那思潮起伏，汹涌澎湃的心灵不能支持了，昏昏好似睡去。

"朴铎""朴铎"一阵响，更夫打三更了，我才清醒来，懒懒地走

到屋里，把电灯拧亮，那张没作完的《活泼的灵筠》小说稿，还在桌上。

不久更夫走了，夜越发的寂静，不更听见什么；只是私生子……强烈的印象萦绕着我，直到光明来临。

29. 红玫瑰

◉ 庐　隐

伊拿着一朵红玫瑰，含笑倚在那淡绿栏杆旁边站着，灵敏的眼神全注视在这朵小花儿上，含着无限神秘的趣味；远远地只见伊肩膀微微地上下颤动着——极细弱呼吸的表示。

穿过玻璃窗的斜阳正射在我的眼睛上，立时金星四散，金花缭乱起来，伊手里的红玫瑰看过去，似乎放大了几倍，又好似两三朵合在一处，很急速又分开一样，红灼灼地颜色，比胭脂和血还要感着刺目，我差不多昏眩了。"呵！奇怪的红玫瑰。"或者是拿着红玫瑰的伊，运用着魔术使我觉得方才"迷离"的变化吗？……是呵！美丽的女郎，或美丽的花儿，神经过敏的青年接触了，都很容易发生心理上剧烈的变态呢？有一个医生他曾告诉我这是一种病——叫作"男女性癫痫"。我想到这里，忽觉心里一动，他的一件故事不由得我不想起来了。

当那天夜里，天上布满着阴云，星和月儿的光都遮得严严地，宇宙上只是一片黑，不能辨出什么，到了半夜竟淅淅沥沥地下起雨来，直到了第二天早起，阴云才渐渐地稀薄，收起那惨淡的面孔，露出东方美人鲜明娇艳的面庞来，她的光彩更穿过坚厚透明的玻璃窗，射在

他——一个面带青黄色的少年脸上。"呀！红玫瑰……可爱的伊！"他轻轻地自言自语的说着，抬起头看着碧蓝的天，忽然他想起一件事情——使他日夜颠倒的事情，从床上急速的爬了起来，用手稍稍整理他那如刺猬般的乱发，便急急走出房门，向东边一个园子里去。他两只脚陷在泥泞的土里，但他不顾这些没要紧的事，便是那柳枝头的积雨，渗着泥滴在他的头上脸上，他也不觉得。

园中山石上的兰草，被夜间的雨水浇了，益发苍翠青郁，那兰花蕊儿，也微微开着笑口，吐出澈骨的幽香来；但他走过这里也似乎没有这么一回事，竟像那好色的蜂蝶儿，一直奔向那一丛艳丽的玫瑰花去。

那红玫瑰娇盈盈地长在那个四面白石砌成的花栏里，衬着碧绿的叶子，好似倚在白玉栏杆旁边的靓妆美人——无限的姣艳。他怔怔地向那花儿望着，全身如受了软化，无气力的向那花栏旁边一块石头上坐下了。

过了一刻，他忽然站起来，很肃敬向着那颜色像胭脂的玫瑰怔怔的望了半天，后来深深的叹了一声道：——"为什么我要爱伊，……丧失知觉的心，唉！"

他灰白的面孔上，此刻满了模糊的泪痕，昏迷的眼光里，更带着猜疑忧惧的色彩，他不住的想着伊，现在他觉得他自己是好像在一个波浪掀天的海洋里，渺渺茫茫不知什么地方是归着，这海洋四面又都是黑沉沉地看不见什么，只有那远远一个海洋里照路的红灯，隐隐约约在他眼前摆动，他现在不能放过伊了——因为伊正是那路灯，他前途的一线希望——但是伊并不明白这些，时时或隐或现竟摆布得他几次遇到危险——精神的破产。

他感到这个苦痛，但他决不责怪伊，只是深深地恋着伊，现在他从园子里回来了，推开门，壁上那张水彩画——一束红艳刺眼的红玫

瑰，又使他怔住了。扶着椅背站着，不转眼对着那画儿微笑，似乎这画儿能给他不少的安慰。后来他拿着一支未用的白毛羊毫笔，沾在胭脂里润湿了，又抽出一张雪白的信笺在上面写道：

"我是很有志气的青年，一个美丽的女郎必愿意和我交结……我天天对着你笑，哦！不是！不是！他们都说那是一种花——红玫瑰——但是他们不明白你是喜欢红玫瑰的，所以我说红玫瑰就是你，我天天当真是对着你笑，有时倚在我们学校园的白石栏里；有时候就在我卧室的白粉壁上，呵！多么娇艳！……但是你明白我的身世吗？……我是堂堂男子，七尺丈夫呵！世界上谁不知道大名鼎鼎的顾颖明呢？可是我却是个可怜人呢！你知道我亲爱的父母当我才三四岁的时候，便撇下我走了，……他们真是不爱我……所以我总没尝过爱的滋味呀！错了！错了！我说谎了！那天黄昏的时候，你不是在中央公园的水榭旁，对着那碧清的流水叹息吗？……我那时候便尝到爱的滋味了。

"你那天不是对我表示很委曲的样子吗？……他们都不相信这事——因为他们都没有天真的爱情——他们常常对我说他们对于什么女子他们都不爱；这话是假的，他们是骗人呵！我知道青年男子——无处寄托爱情，他必定要丧失生趣呢，……"

他写完很得意的念了又念，念到第三次的时候，他脸上忽一阵红紫，头筋也暴涨起来，狂笑着唱道：

"她两颊的绯红恰似花的色！

她品格的清贵，恰似花的香！

哈哈！她竟爱我了！

柳荫底下，

大街上头，

我和她并着肩儿走，
拉着手儿笑，
唉！谁不羡慕我？"

他笑着唱，唱了又笑，后来他竟笑得眼泪鼻涕一齐流出来了，昏昏迷迷出了屋子，跑到大街上，依旧不住声的唱和笑，行路的人，受了示唆，都不约而同的围起他来。他从人丛中把一个二十余岁的青年——过路的人拉住对着人家嘻嘻的笑；忽然他又瞪大了眼睛，对着那人狠狠的望着，大声的叫道："你认得我吗？……是的，你比我强，你戴着帽子，……我，我却光着头；但是伊总是爱我呢！我告诉你们，我是很有志气的人，我父母虽没有给我好教育，哼！他们真是不负责任！你们不是看见伊倚在栏杆上吗？……哎呀！坏了！坏了！"

他大哭起来了！竟不顾满地的尘土，睡倒泥土中，不住声的哀哭，一行行的血泪，湿透了他的衣襟。他的知觉益发麻木了，两只木呆的眼睛，竟睁得像铜铃一般大，大家都吓住了，彼此对看着。警察从人丛中挤进来，把他搀扶起来，他忽如受了什么恐怖似的，突然立起来，推开警察的手，从人丛里不顾命的闯了出来；有许多好事的人，也追了他去；有几个只怔地望着他的背影，轻轻的叹道："可怜！他怎么狂了！"说着也就各自散去。

他努力向前飞奔，迷漫的尘烟，围随着他，好似"千军万马"来到一般，他渐渐的支持不住了，头上的汗像急雨般往下流，急促的呼吸——他实在疲倦了，两腿一软，便倒在东城那条胡同口里。

这个消息传开了。大家都在纷纷的议论着，但是伊依旧拿着红玫瑰倚着栏杆出神，伊的同学对着伊，含着隐秘的冷笑，但是伊总不觉得，伊心里总是想着：这暗淡的世界，没有真情的人类——只有这干净的红玫瑰可以安慰伊，伊觉得舍了红玫瑰没有更可以使伊注意的事，便是他一心的爱恋，伊从没梦见过呢！

他睡在病院里，昏昏沉沉。有一天的功夫，他什么都不明白，他的朋友去望他，他只怔怔地和人家说："伊爱我了！"有一个好戏谑的少年，忍着笑，板着面孔和他说："你爱伊吗？……但是很怕见你这两道好像扫帚的眉，结婚的时候，因此要减去许多美观呢！"他跳了起来，往门外奔走，衰软无力的腿不住的抖颤，无力的喘息，他的面孔涨红了。"剃头匠你要注意——十分的注意，我要结婚了，这两道宽散的眉毛，你替我修整齐！咦！咦！伊微微的笑着——笑着欢迎我，许多来宾也都对着我这眉毛不住的称美，……伊永远不会再讨厌我了！哈哈！"他说着笑着俯在地上不能动转。他们把他慢慢地仍搀扶到床上，他渐渐睡着了。

过了一刻钟，他忽然从梦中惊醒，拉着看护生的白布围裙的一角，哀声的哭道："可恶的狡鬼，恶魔！不久要和伊结婚了，……你替我把那把又尖又利的刀子拿来，哼！用力的刺着他的咽咙，他便不能再拿媚语甘言去诱惑伊了！……伊仍要爱着我，和我结婚，……呵！呵！你快去吧……迟了他和伊手拉着手，出了礼拜堂便完了。"说到这里，他心里十分的焦愁苦痛，抓着那药瓶向地上用力的摔去，狠狠的骂道："恶魔！……你还敢来夺掉我的灵魂吗？"

他闭着眼睛流泪，一滴滴的泪痕都湿透了枕芯，一朵娇艳的红玫瑰，也被眼泪渲染成愁惨憔悴，斑斑点点，隐约着失望的血泪。他勉强的又坐了起来，在枕上对着看护生叩了一个头，哀求道："救命的菩萨，你快去告诉伊，千万不要和那狡恶的魔鬼——陈 结婚，我已经把所有生命的权都交给伊了；等着伊来了，便给我带回来，交还我！……千万不要忘记呢！"

看护生用怜悯的眼光对着他看："呵！青黄且带淡灰色的面孔，深陷的眼窝，突起的颧骨，从前活泼泼地精彩那里去了？坚强韧固的

筋肉也都消失了——颠倒迷离的情状，唉！为什么一个青年的男子，竟弄成差不多像一个坟墓里的骷髅了！……人类真危险呵！一举一动都要受情的支配——他便是一个榜样呢！"他想到这，也禁不住落下两滴泪来。只是他仍不住声的催他去告诉伊。看护生便走出来，稍避些时，才又进去，安慰他说："先生！你放心养病吧！……伊一定不和别人结婚，伊已经应许你的要求，这不是可喜的一件事吗？"他点点头，微微地笑道："是呵！你真是明白人，伊除了和我结婚，谁更能享受这种幸福呢？"

他昏乱的脑子，过敏的神经，竟使他枯瘦得像一根竹竿子；他的朋友们只有对着他叹息，谁也没法子能帮助他呵！

日子过得很快，他进病院已是一个星期了。当星期六下午的时候，天上忽然阴沉起来，东南风吹得槐树叶子，刷刷价刺着耳朵响个不休，跟着一阵倾盆大雨从半天空倒了下来；砰澎，刷拉，好似怒涛狂浪。他从梦中惊醒了，脆弱的神经，受了这个打击，他无限的惊慌惨凄，呜呜的哭声，益发增加了天地的暗淡。

"唉呀！完了！完了！伊怎经得起空上摧残？……伊绯红的双颊，你看不是都消失了吗？血泪从伊眼睛里流出来啦，看呵！……唉唉！"

"看呵！……看呵！"我此时心里忽觉一跳，仰起头来，只见伊仍是静悄悄地站在那里，对着我微微地笑，"伊的双颊何尝消失了绯红的色呢？"我不觉自言自语的这么说，但是那原是他的狂话，神经过敏的表示呵！嗳！人类真迷惑的可怜！……

30. 淡雾

◉ 庐　隐

　　天空充满了淡雾，在这里面的一切，星光呵，月光呵，都只是绰约的，人们要想把这淡雾洗荡干净，更逼真的认清了一切，那只是心的低呼，便颠顿了一生，也是徒劳的哟！

　　在这使人迷惘的淡雾中，她已被轻风从梦里惊醒了，抬头看见星光正和她眉语，月儿正同她微笑，她从沙发上坐了起来，那云罗的睡衣正像天空的淡雾，隐隐看出她胸前的一只金盒，闪烁着仿佛淡雾背后的明星。她轻轻的摩挲着，不知不觉已来到窗前，淡白的星月融化的光，如幻灯般正射在一丛白茶花上，一片溶溶，仿佛溪水悄悄流过雪色的沙滩，芬馨的花气如醉人的美酒，她陶醉了不知多少时候，若不是夜莺一声低唱，她的心灵将和花魂，交绕成一朵彩云飞腾到万点星光之上，游翔于廓大的太空里了。

　　她正抚摩着那胸前的金盒，想像着盒中人影，忽见远处柳条儿微微荡动，在花影铺满的白石上，走过一个少年来，正是那盒中的人影的，她不禁心花颤动，低声问道："你从那里来……夜已深了。"

　　那少年两手插在衣袋里，仰头望着天空说："原来夜已深了……但是你不知道美的神，正在那里唱着呼唤失了心的青年的歌吗……"

　　她似乎不很了解他的命意，只是对他怔望着，一言不发，但她此刻的确感到这画图般的夜色里，正是他应来的时候，她含笑说："你见过宣哥吗？"他说："我正从他那里来，宣哥曾告诉我，你的窗前一

丛茶花，正开的十分美丽，但我来时，被花神降伏了，心身都不自由，竟顾不到评赏了。"

这时她走到回廊边，对那少年说："你看淡雾夺了星月的光彩，此地树荫花影又特别浓厚……我们把电灯开了谈吧！"

"不！这样的清境，若加上人间的烟火，太煞风景了！"他说着已走近她的身旁，畏怯着伸过手来，抚着她的肩说："你为什么仿佛不痛快似的？……哦！莫非你不愿意我来搅你吗？……"她只摇摇头，默默无言，他握着她的手，心脉狂激着，似恨自己太蠢，怎么不知道她需要什么呢？于是他又问她道："你生气了吗？如果是的，我就走开吧，……但是……"她这时很感动的，侧转头含泪望着他，似乎有无限的隐衷，不过她依然不说一句话，而她不愿意他就走的表示，比言语的挽留，更明显而有魔力，他立刻决定说："不！我绝不就走，好在这时不过十一点钟，至少还有六十分可以厮守。"

淡雾里的月光，又被浮云遮蔽了，四围渐渐黑暗起来，她怯怯的傍着他，一同坐在雕栏上，浓郁的花香，熏醉了人间的怯弱者，她的头如经风的花朵，无力的依在他的胸前，微微的叹息着；他用温和的手，抚着她覆额的软发说："星呵！不要悲苦，听我唱你作的恋歌吧：

"圣母在儿心中播了爱的种，

　春天长出嫩黄的芽，

　现在开了五瓣灿烂的花，

　除了妈妈带走的一朵，

　儿一并都送给他，

　他那里有青苍润泽的心田，

　所有的花，将在那里生根了，

　繁荣了，

呵！爱人！
不要粗心摧伤她，
瓣儿萎了，儿的心要片片碎了，
你的心田也将荒芜了！"

他低声悠扬的唱着，她闭着眼睛在他的臂上，直至歌声止了，她才抬起头来，忽见月儿又拨开云被，得胜的清光，很明显的，照在这树荫和花影之下。她看见白石地上，有一双相偎的人影，这影儿仿佛恶魔般使她惊吓，陡然从他怀里离开他，凄然道："这是应该的吗……我们还不曾……"

"哦！星呵！这到底有什么要紧呢？爱神已远隐在神秘的淡雾后面，谁能预先知道降临的时候，……她带着新鲜的生趣来，我们何忍过于残忍的拒绝她呢！而且她最喜欢和不曾结婚，而有爱情的男女来往，她极力发扬她伟大的光耀，使那青年男女忘了一切的愁苦，努力的跟她奔上人间的道路，……那已经衰老的父亲和母亲，他们固然比我们聪明，不受爱神的支配了，但他们已经是老了……是呵！光阴比驾驷马的车，跑得还要快，我们自己要爱惜我们的青春！"

"不！我总是怯弱，我不敢和你表同情，我曾看见许多被人侮辱而唾骂的女子，都是因为不能躲避爱神的降临。"

他说："星！这都是人类不自然的做作，……结婚！单只是结婚，便可遮盖一切的罪恶吗？无论他和她不是因爱神的使命，而勉强的亲密，至少是像狗和狗的亲密没什么分别！"

"呵，你不应当说得太奇怪了！"这时她仿佛有些不服气的神情，但他的话，决不因此而止，如同决了口的河流，不住的潺潺流着：

"星！你知道爱是全人类活动的中心的力，若谁拒绝了爱，谁还能如槁木死灰般活着，——人绝不是只有物质的身体呵！我们培养身

体不遗余力，独独拒绝灵的资料，不是愚得可怜吗?!"

　　她听到这里，实在忍不住了，含怒道："不用说了! 你的话怕不是真理吗? 但世界上的人，不能人人都像你，……惭愧，我又是女子，没这么大魄力，来作这个先锋，作得好还罢了，失败了谁肯为她表一星半星的同情，而原谅她呢? 而且世界上肯负责任的男子，也太少了，这些大题目，只好让你们去高调独唱吧!"

　　她说完愤愤站了起来，把电灯开了，他觉得不好再久留，露着怅惘的神情说："星! 你大约倦了，我们暂且分别吧!"她只点点头道："好! 再见吧!"他无精打彩的去了，她依旧站在花前不动，心里觉得很不安，把将才的怒气，都化成轻烟，微雾，随着爱的微风，散净了。

　　花丛里，忽然飞出一对萤火虫来，清光缥碧，绕着花丛，一前一后的飞翔，仿佛爱神联袂来临人间，在他们自由的翅上闪烁着爱的奇光，她们时时低唱着微妙的恋歌，这时她不知不觉流出愉快而惊奇的泪来，她张开温柔的双臂，环抱着那一丛香气馥郁的白茶花，用火热爱情焚烧的唇，轻轻的吻着；直到星月的光华，都隐入淡雾的神幔中，她才更回到人间，惊喜的赞美那伟大爱的光辉，和无穷的神秘，正合淡雾般，笼罩了干枯的人间，使她忘记了实在的丑恶，深恋着无边的前途!

31. 歌声

　　　　　　　　　　　　　　　　⊙ 朱自清

　　昨晚中西音乐歌舞大会里"中西丝竹和唱"的三曲清歌，真令我神迷心醉了。

　　仿佛一个暮春的早晨，霏霏的毛雨默然洒在我脸上，引起润泽、轻松的感觉。新鲜的微风吹动我的衣袂，像爱人的鼻息吹着我的手一样。我立的一条白矾石的甬道上，经了那细雨，正如涂了一层薄薄的乳油，踏着只觉越发滑腻可爱了。这是在花园里。群花都还做她们的清梦。那微雨偷偷洗去她们的尘垢，她们的甜软的光泽便自焕发了。在那被洗去的浮艳下，我能看到她们在有日光时所深藏着的恬静的红，冷落的紫，和苦笑的白与绿。以前锦绣般在我眼前的，现有都带了黯淡的颜色。——是愁着芳春的销歇么？是感着芳春的困倦么？

　　大约也因那濛濛的雨，园里没了浓郁的香气。涓涓的东风只吹来一缕缕饿了似的花香，夹带着些潮湿的草丛的气息和泥土的滋味。园外田亩和沼泽里，又时时送过些新插的秧，少壮的麦，和成荫的柳树的清新的蒸气。这些虽非甜美，却能强烈地刺激我的鼻观，使我有愉快的倦怠之感。

　　看啊，那都是歌中所有的：我用耳，也用眼，鼻，舌，身，听着；也用心唱着。我终于被一种健康的麻痹袭取了。于是为歌所有。此后只由歌独自唱着，听着；世界上便只有歌声了。

1921 年 11 月 3 日，上海

（*原载 1921 年 11 月 5 日《时事新报·学灯副刊》*）

32. 匆匆

◉ 朱自清

燕子去了，有再来的时候；杨柳枯了，有再青的时候；桃花谢了，有再开的时候。但是，聪明的，你告诉我，我们的日子为什么一去不复返呢？——是有人偷了他们罢：那是谁？又藏在何处呢？是他们自己逃走了罢：现在又到了哪里呢？

我不知道他们给了我多少日子；但我的手确乎是渐渐空虚了。在默默里算着，八千多日子已经从我手中溜去；像针尖上一滴水滴在大海里，我的日子滴在时间的流里，没有声音，也没有影子。我不禁头涔涔而泪潸潸了。

去的尽管去了，来的尽管来着；去来的中间，又怎样地匆匆呢？早上我起来的时候，小屋里射进两三方斜斜的太阳。太阳他有脚啊，轻轻悄悄地挪移了；我也茫茫然跟着旋转。于是——洗手的时候，日子从水盆里过去；吃饭的时候，日子从饭碗里过去；默默时，便从凝然的双眼前过去。我觉察他去的匆匆了，伸出手遮挽时，他又从遮挽着的手边过去，天黑时，我躺在床上，他便伶伶俐俐地从我身上跨过，从我脚边飞去了。等我睁开眼和太阳再见，这算又溜走了一日。我掩着面叹息。但是新来的日子的影儿又开始在叹息里闪过了。

在逃去如飞的日子里，在千门万户的世界里的我能做些什么呢？只有徘徊罢了，只有匆匆罢了；在八千多日的匆匆里，除徘徊外，又剩些什么呢？过去的日子如轻烟，被微风吹散了，如薄雾，被初阳蒸融了；我留着些什么痕迹呢？我何曾留着像游丝样的痕迹呢？我赤裸

裸来到这世界，转眼间也将赤裸裸的回去罢？但不能平的，为什么偏要白白走这一遭啊？

你聪明的，告诉我，我们的日子为什么一去不复返呢？

33．诗与哲理

● 朱自清

新诗的初期，说理是主调之一。新诗的开创人胡适之先生就提倡以诗说理，《尝试集》里说理诗似乎不少。俞平伯先生也爱在诗里说理；胡先生评他的诗，说他想兼差作哲学家。郭沫若先生歌颂大爱，歌颂"动的精神"，也带哲学的意味；不过他的强烈的情感能够将理融化在他的笔下，是他的独到处。那时似乎只有康白情先生是个比较纯粹的抒情诗人。一般青年以诗说理的也不少，大概不出胡先生和郭先生的型式。

那时是个解放的时代。解放从思想起头，人人对于一切传统都有意见，都爱议论，作文如此，作诗也如此。他们关心人生，大自然，以及被损害的人。关心人生，便阐发自我的价值；关心大自然，便阐发泛神论；关心被损害的人，便阐发人道主义。泛神论似乎只见于诗；别的两项，诗文是一致的。但是文的表现是抽象的，诗的表现似乎应该和文不一样。胡先生指出诗应该是具体的。他在《谈新诗》里举了些例子，说只是抽象的议论，是文不是诗。当时在诗里发议论的确是不少，差不多成了风气。胡先生所提倡的"具体的写法"固然指出一条好路。可是他的诗里所用具体的譬喻似乎太明白，譬喻和理分成两橛，不能打成一片；因此，缺乏暗示的力量，看起来好像是为了那理

硬找一套譬喻配上去似的。别的作者也多不免如此。

民国十四年以来，诗才专向抒情方面发展。那里面"理想的爱情"的主题，在中国诗实在是个新的创造；可是对于一般读者不免生疏些。一般读者容易了解经验的爱情；理想的爱情要沉思，不耐沉思的人不免隔一层。后来诗又在感觉方面发展，以敏锐的感觉为抒情的骨子，一般读者只在常识里兜圈子，更不免有隔雾看花之憾。抗战以后的诗又回到议论和具体的譬喻，也不是没有理由的。当然，这时代诗里的议论比较精切，譬喻也比较浑融，比较二十年前进步了；不过趋势还是大体相同的。

另一方面，也有从敏锐的感觉出发，在日常的境界里体味出精微的哲理的诗人。在日常的境界里体味哲理，比从大自然体味哲理更进一步。因为日常的境界太为人们所熟悉了，也太琐屑了，它们的意义容易被忽略过去；只有具有敏锐的手眼的诗人才能把捉得住这些。这种体味和大自然的体味并无优劣之分，但确乎是进了一步。我心里想着的是冯至先生的《十四行集》。这是冯先生去年一年中的诗，全用十四行体，就是商籁体写成。十四行是外国诗体，从前总觉得这诗体太严密，恐怕不适于中国语言。但近年读了些十四行，觉得似乎已经渐渐圆熟；这诗体还是值得尝试的。冯先生的集子里，生硬的诗行便很少；但更引起我注意的还是他诗里耐人沉思的理，和情景融成一片的理。

这里举两首作例。

我们常常度过一个亲密的夜
在一间生疏的房里，它白昼时
是什么模样，我们都无从认识，
更不必说它的过去未来。

原野一望无边地在我们窗外展开，
我们只依稀地记得在黄昏时
来的道路，便算是对它的认识，
明天走后，我们也不再回来。

闭上眼罢！让那些亲密的夜
和生疏的地方织在我们心里：
我们的生命像那窗外的原野，

我们在朦胧的原野上认出来
一棵树，一闪湖光；它一望无际
藏着忘却的过去，隐约的将来。（一八）

旅店的一夜是平常的境界。可是亲密的，生疏的，"织在我们心里"。房间有它的过去未来，我们不知道。"来的道路"是过去，只记得一点儿；"明天走"是未来，又能知道多少？我们的生命像那"一望无边的""朦胧的"原野，"忘却的过去"，"隐约的将来"，谁能"认识"得清楚呢？——但人生的值得玩味，也就在这里。

我们听着狂风里的暴雨
我们在灯光下这样孤单，
我们在这小小的茅屋里
就是和我们用具的中间

也生了千里万里的距离：

铜炉在向往深山的矿苗，

瓷壶在向往江边的陶泥，

它们都像风雨中的飞鸟各自东西。

我们紧紧抱住，

好像自身也都不能自主。

狂风把一切都吹入高空，

暴雨把一切又淋入泥土。

只剩下这点微弱的灯红

在证实我们生命的暂住。（二一）

茅屋里风雨的晚上也只是平常的境界。可是自然的狂暴映衬出人们的孤单和微弱；极平常的用具铜炉和瓷壶，也都"向往"它们的老家，"像风雨中的飞鸟，各自东西"。这样"孤单"，却是由敏锐的感觉体味出来的，得从沉思里去领略——不然，恐怕只会觉得怪诞罢。闻一多先生说我们的新诗好像尽是些青年，也得有一些中年才好。冯先生这一集大概可以算是中年了。

1943 年

34. 荷塘月色

◉ 朱自清

这几天心里颇不宁静。今晚在院子里坐着乘凉，忽然想起日日走过的荷塘，在这满月的光里，总该另有一番样子吧。月亮渐渐地升高了，墙外马路上孩子们的欢笑，已经听不见了；妻在屋里拍着闰儿，迷迷糊糊地哼着眠歌。我悄悄地披了大衫，带上门出去。

沿着荷塘，是一条曲折的小煤屑路。这是一条幽僻的路；白天也少人走，夜晚更加寂寞。荷塘四面，长着许多树，蓊蓊郁郁的。路的一旁，是些杨柳，和一些不知道名字的树。没有月光的晚上，这路上阴森森的，有些怕人。今晚却很好，虽然月光也还是淡淡的。

路上只我一个人，背着手踱着。这一片天地好像是我的；我也像超出了平常的自己，到了另一世界里。我爱热闹，也爱冷静；爱群居，也爱独处。像今晚上，一个人在这苍茫的月下，什么都可以想，什么都可以不想，便觉是个自由的人。白天里一定要做的事，一定要说的话，现在都可不理。这是独处的妙处，我且受用这无边的荷香月色好了。

曲曲折折的荷塘上面，弥望的是田田的叶子。叶子出水很高，像亭亭的舞女的裙。层层的叶子中间，零星地点缀着些白花，有袅娜地开着的，有羞涩地打着朵儿的；正如一粒粒的明珠，又如碧天里的星星，又如刚出浴的美人。微风过处，送来缕缕清香，仿佛远处高楼上渺茫的歌声似的。这时候叶子与花也有一丝的颤动，像闪电般，霎时传过荷塘的那边去了。叶子本是肩并肩密密地挨着，这便宛然有了一道凝碧的波痕。叶子底下是脉脉的流水，遮住了，不能见一些颜色；而叶子却更见风致了。

月光如流水一般，静静地泻在这一片叶子和花上。薄薄的青雾浮起在荷塘里。叶子和花仿佛在牛乳中洗过一样；又像笼着轻纱的梦。虽然是满月，天上却有一层淡淡的云，所以不能朗照；但我以为这恰是到了好处——酣眠固不可少，小睡也别有风味的。月光是隔了树照过来的，高处丛生的灌木，落下参差的斑驳的黑影，峭楞楞如鬼一般；

弯弯的杨柳的稀疏的倩影，却又像是画在荷叶上。塘中的月色并不均匀；但光与影有着和谐的旋律，如梵婀玲上奏着的名曲。

荷塘的四面，远远近近，高高低低都是树，而杨柳最多。这些树将一片荷塘重重围住；只在小路一旁，漏着几段空隙，像是特为月光留下的。树色一例是阴阴的，乍看像一团烟雾；但杨柳的丰姿，便在烟雾里也辨得出。树梢上隐隐约约的是一带远山，只有些大意罢了。树缝里也漏着一两点路灯光，没精打采的，是渴睡人的眼。这时候最热闹的，要数树上的蝉声与水里的蛙声；但热闹是它们的，我什么也没有。

忽然想起采莲的事情来了。采莲是江南的旧俗，似乎很早就有，而六朝时为盛；从诗歌里可以约略知道。采莲的是少年的女子，她们是荡着小船，唱着艳歌去的。采莲人不用说很多，还有看采莲的人。那是一个热闹的季节，也是一个风流的季节。梁元帝《采莲赋》里说得好：

> 于是妖童媛女，荡舟心许；鹢首徐回，兼传羽杯；櫂将移而藻挂，船欲动而萍开。尔其纤腰束素，迁延顾步；夏始春余，叶嫩花初，恐沾裳而浅笑，畏倾船而敛裾。

可见当时嬉游的光景了。这真是有趣的事，可惜我们现在早已无福消受了。

于是又记起《西洲曲》里的句子：

> 采莲南塘秋，莲花过人头；低头弄莲子，莲子清如水。

今晚若有采莲人，这儿的莲花也算得"过人头"了；只不见一些流水

的影子，是不行的。这令我到底惦着江南了。——这样想着，猛一抬头，不觉已是自己的门前；轻轻地推门进去，什么声息也没有，妻已睡熟好久了。

1927 年 7 月，北京清华园

35. 扬州的夏日

◉ 朱自清

扬州从隋炀帝以来，是诗人文士所称道的地方；称道的多了，称道得久了，一般人便也随声附和起来。直到现在，你若向人提起扬州这个名字，他会点头或摇头说："好地方！好地方！"特别是没去过扬州而念过些唐诗的人，在他心里，扬州真像蜃楼海市一般美丽；他若念过《扬州画舫录》一类书，那更了不得了。但在一个久住扬州像我的人，他却没有那么多美丽的幻想，他的憎恶也许掩住了他的爱好；他也许离开了三四年并不去想它。若是想呢，——你说他想什么？女人；不错，这似乎也有名，但怕不是现在的女人吧？——他也只会想着扬州的夏日，虽然与女人仍然不无关系的。

北方和南方一个大不同，在我看，就是北方无水而南方有。诚然，北方今年大雨，永定河，大清河甚至决了堤防，但这并不能算是有水；北平的三海和颐和园虽然有点儿水，但太平衍了，一览而尽，船又那么笨头笨脑的。有水的仍然是南方。扬州的夏日，好处大半便在水上——有人称为"瘦西湖"，这个名字真是太"瘦"了，假西湖之名以行，"雅得这样俗"，老实说，我是不喜欢的。下船的地方便是护城河，曼衍开去，曲曲折折，直到平山堂，——这是你们熟悉的名字——有七八里河道，还有许多杈杈桠桠的支流。这条河其实也没有顶大的好处，只是曲折而有些幽静，和别处不同。

沿河最著名的风景是小金山，法海寺，五亭桥；最远的便是平山堂了。金山你们是知道的，小金山却在水中央。在那里望水最好，看月自然也不错——可是我还不曾有过那样福气。"下河"的人十之九是到这儿的，人不免太多些。法海寺有一个塔，和北海的一样，据说是乾隆皇帝下江南，盐商们连夜督促匠人造成的。法海寺著名的自然是这个塔；但还有一桩，你们猜不着，是红烧猪头。夏天吃红烧猪头，在理论上也许不甚相宜；可是在实际上，挥汗吃着，倒也不坏的。五亭桥如名字所示，是五个亭子的桥。桥是拱形，中一亭最高，两边四亭，参差相称；最宜远看，或看影子，也好。桥洞颇多，乘小船穿来穿去，另有风味。平山堂在蜀冈上。登堂可见江南诸山淡淡的轮廓；"山色有无中"一句话，我看是恰到好处，并不算错。这里游人较少，闲坐在堂上，可以永日。沿路光景，也以闲寂胜。从天宁门或北门下船，蜿蜒的城墙，在水里倒映着苍黝的影子，小船悠然地撑过去，岸上的喧扰像没有似的。

船有三种：大船专供宴游之用，可以挟妓或打牌。小时候常跟了父亲去，在船里听着谋得利洋行的唱片。现在这样乘船的大概少了吧？其次是"小划子"，真像一瓣西瓜，由一个男人或女人用竹篙撑着。乘的人多了，便可雇两只，前后用小凳子跨着：这也可算得"方舟"了。后来又有一种"洋划"，比大船小，比"小划子"大，上支布篷，可以遮日遮雨。"洋划"渐渐地多，大船渐渐地少，然而"小划子"总是有人要的。这不独因为价钱最贱，也因为它的伶俐。一个人坐在船中，让一个人站在船尾上用竹篙一下一下地撑着，简直是一首唐诗，

或一幅山水画。而有些好事的少年，愿意自己撑船，也非"小划子"不行。"小划子"虽然便宜，却也有些分别。譬如说，你们也可想到的，女人撑船总要贵些；姑娘撑的自然更要贵罗。这些撑船的女子，便是有人说过的"瘦西湖上的船娘"。船娘们的故事大概不少，但我不很知道。据说以乱头粗服，风趣天然为胜；中年而有风趣，也仍然算好。可是起初原是逢场作戏，或尚不伤廉惠；以后居然有了价格，便觉意味索然了。

北门外一带，叫做下街，"茶馆"最多，往往一面临河。船行过时，茶客与乘客可以随便招呼说话。船上人若高兴时，也可以向茶馆中要一壶茶，或一两种"小笼点心"，在河中喝着，吃着，谈着。回来时再将茶壶和所谓小笼，连价款一并交给茶馆中人。撑船的都与茶馆相熟，他们不怕你白吃。扬州的小笼点心实在不错：我离开扬州，也走过七八处大大小小的地方，还没有吃过那样好的点心；这其实是值得惦记的。茶馆的地方大致总好，名字也颇有好的。如香影廊，绿杨村，红叶山庄，都是到现在还记得的。绿杨村的幌子，挂在绿杨树上，随风飘展，使人想起"绿杨城郭是扬州"的名句。里面还有小池，丛竹，茅亭，景物最幽。这一带的茶馆布置都历落有致，迥非上海，北平方方正正的茶楼可比。

"下河"总是下午。傍晚回来，在暮霭朦胧中上了岸，将大褂折好搭在腕上，一手微微摇着扇子；这样进了北门或天宁门走回家中。这时候可以念"又得浮生半日闲"那一句诗了。

36. 看花

● 朱自清

生长在大江北岸一个城市里，那儿的园林本是著名的，但近来却很少；似乎自幼就不曾听见过"我们今天看花去"一类话，可见花事是不盛的。有些爱花的人，大都只是将花栽在盆里，一盆盆搁在架上；架子横放在院子里。院子照例是小小的，只够放下一个架子；架上至多搁二十多盆花罢了。有时院子里依墙筑起一座"花台"，台上种一株开花的树；也有在院子里地上种的。但这只是普通的点缀，不算是爱花。

家里人似乎都不甚爱花；父亲只在领我们上街时，偶然和我们到"花房"里去过一两回。但我们住过一所房子，有一座小花园，是房东家的。那里有树，有花架（大约是紫藤花架之类），但我当时还小，不知道那些花木的名字；只记得爬在墙上的是蔷薇而已。园中还有一座太湖石堆成的洞门；现在想来，似乎也还好的。在那时由一个顽皮的少年仆人领了我去，却只知道跑来跑去捉蝴蝶；有时掐下几朵花，也只是随意按弄着，随意丢弃了。至于领略花的趣味，那是以后的事：夏天的早晨，我们那地方有乡下的姑娘在各处街巷，沿门叫着，"卖栀子花来。"栀子花不是什么高品，但我喜欢那白而晕黄的颜色和那肥肥的个儿，正和那些卖花的姑娘有着相似的韵味。栀子花的香，浓而不烈，清而不淡，也是我乐意的。我这样便爱起花来了。也许有人会问，"你爱的不是花吧？"这个我自己其实也已不大弄得清楚，只好存而不论了。

　　在高小的一个春天，有人提议到城外 F 寺里吃桃子去，而且预备白吃；不让吃就闹一场，甚至打一架也不在乎。那时虽远在五四运动以前，但我们那里的中学生却常有打进戏园看白戏的事。中学生能白看戏，小学生为什么不能白吃桃子呢？我们都这样想，便由那提议人集合了十几个同学，浩浩荡荡地向城外而去。到了 F 寺，气势不凡地呵斥着道人们（我们称寺里的工人为道人），立刻领我们向桃园里去。道人们踌躇着说："现在桃树刚才开花呢。"但是谁信道人们的话？我们终于到了桃园里。大家都丧了气，原来花是真开着呢！这时提议人 P 君便去折花。道人们是一直步步跟着的，立刻上前劝阻，而且用起手来。但 P 君是我们中最不好惹的；"说时迟，那时快"，一眨眼，花在他的手里，道人已踉跄在一旁了。那一园子的桃花，想来总该有些可看；我们却谁也没有想着去看。只嚷着，"没有桃子，得沏茶喝！"道人们满肚子委屈地引我们到"方丈"里，大家各喝一大杯茶。这才平了气，谈谈笑笑地进城去。大概我那时还只懂得爱一朵朵的栀子花，对于开在树上的桃花，是并不了然的；所以眼前的机会，便从眼前错过了。

　　以后渐渐念了些看花的诗，觉得看花颇有些意思。但到北平读了几年书，却只到过崇效寺一次；而去得又嫌早些，那有名的一株绿牡丹还未开呢。北平看花的事很盛，看花的地方也很多；但那时热闹的似乎也只有一班诗人名士，其余还是不相干的。那正是新文学运动的起头，我们这些少年，对于旧诗和那一班诗人名士，实在有些不敬；而看花的地方又都远不可言，我是一个懒人，便干脆地断了那条心了。后来到杭州做事，遇见了 Y 君，他是新诗人兼旧诗人，看花的兴致很好。我和他常到孤山去看梅花。孤山的梅花是古今有名的，但太少；又没有临水的，人也太多。有一回坐在放鹤亭上喝茶，来了一个方面有须，穿着花缎马褂的人，用湖南口音和人打招呼道，"梅花盛开嗒!"盛"字说得特别重，使我吃了一惊；但我吃惊的也只是说在他嘴里"盛"这个声音罢了，花的盛不盛，在我倒并没有什么的。

有一回，Y来说，灵峰寺有三百株梅花；寺在山里，去的人也少。我和Y，还有N君，从西湖边雇船到岳坟，从岳坟入山。曲曲折折走了好一会，又上了许多石级，才到山上寺里。寺甚小，梅花便在大殿西边园中。园也不大，东墙下有三间净室，最宜喝茶看花；北边有座小山，山上有亭，大约叫"望海亭"吧，望海是未必，但钱塘江与西湖是看得见的。梅树确是不少，密密地低低地整列着。那时已是黄昏，寺里只我们三个游人；梅花并没有开，但那珍珠似的繁星似的骨都儿，已经够可爱了；我们都觉得比孤山上盛开时有味。大殿上正做晚课，送来梵呗的声音，和着梅林中的暗香，真叫我们舍不得回去。在园里徘徊了一会，又在屋里坐了一会，天是黑定了，又没有月色，我们向庙里要了一个旧灯笼，照着下山。路上几乎迷了道，又两次三番地狗咬；我们的Y诗人确有些窘了，但终于到了岳坟。船夫远远迎上来道："你们来了，我想你们不会冤我呢！"在船上，我们还不离口地说着灵峰的梅花，直到湖边电灯光照到我们的眼。

Y回北平去了，我也到了白马湖。那边是乡下，只有沿湖与杨柳相间着种了一行小桃树，春天花发时，在风里娇媚地笑着。还有山里的杜鹃花也不少。这些日日在我们眼前，从没有人像煞有介事地提议，"我们看花去。"但有一位S君，却特别爱养花；他家里几乎是终年不离花的。我们上他家去，总看他在那里不是拿着剪刀修理枝叶，便是提着壶浇水。我们常乐意看着。他院子里一株紫薇花很好，我们在花旁喝酒，不知多少次。白马湖住了不过一年，我却传染了他那爱花的嗜好。但重到北平时，住在花事很盛的清华园里，接连过了三个春，却从未想到去看一回。只在第二年秋天，曾经和孙三先生在园里看过几次菊花。"清华园之菊"是著名的，孙三先生还特地写了一篇文，画了好些画。但那种一盆一干一花的养法，花是好了，总觉没有天然的风趣。直到去年春天，有了些余闲，在花开前，先向人问了些花的名字。一个好朋友是从知道姓名起的，我想看花也正是如此。恰好 Y 君也常来园中，我们一天三四趟地到那些花下去徘徊。今年 Y 君忙些，我便一个人去。我爱繁花老干的杏，临风婀娜的小红桃，贴梗累累如珠的紫荆；但最恋恋的是西府海棠。海棠的花繁得好，也淡得好；艳极了，却没有一丝荡意。疏疏的高干子，英气隐隐逼人。可惜没有趁着月色看过；王鹏运有两句词道："只愁淡月朦胧影，难验微波上下潮。"我想月下的海棠花，大约便是这种光景吧。为了海棠，前两天在城里特地冒了大风到中山公园去，看花的人倒也不少；但不知怎的，却忘了畿辅先哲祠。Y 告我那里的一株，遮住了大半个院子；别处的都向上长，这一株却是横里伸张的。花的繁没有法说；海棠本无香，昔人常以为恨，这里花太繁了，却酝酿出一种淡淡的香气，使人久闻不倦。Y 告我，正是刮了一日还不息的狂风的晚上；他是前一天去的。他说他去时地上已有落花了，这一日一夜的风，准完了。他说北平看花，是要赶着看的：春光太短了，又晴的日子多；今年算是有阴的日子了，但狂风还是逃不了的。我说北平看花，比别处有意思，也正在此。这时候，我似乎不甚菲薄那一班诗人名士了。

1930 年 4 月

37. 鹈鹕与鱼

◉ 郑振铎

夕阳的柔红光，照在周围十余里的一个湖泽上，没有什么风，湖面上绿油油的像一面镜似的平滑。一望无垠的稻田。垂柳松杉，到处点缀着安静的景物。有几只渔舟，在湖上碇泊着。渔人安闲的坐在舵尾，悠然的在吸着板烟。船头上站立着一排士兵似的鹈鹕，灰黑色的，喉下有一大囊鼓突出来。渔人不知怎样的发了一个命令，这些水鸟们便都扑扑的钻没入水面以下去了。

湖面被冲荡成一圈圈的粼粼小波。夕阳光跟随着这些小波浪在跳跃。

鹈鹕们陆续的钻出水来，上了船。渔人忙着把鹈鹕们喉囊里吞装着的鱼，一只只的用手捏压出来。

鹈鹕们睁着眼望着。

平野上炊烟四起，袅袅的升上晚天。

渔人拣着若干尾小鱼，逐一的抛给鹈鹕们吃，一口便咽了下去。

提起了桨，渔人划着小舟归去。湖面上刺着一条水痕。鹈鹕们士兵似的齐整的站立在船头。

天色逐渐暗了下去。湖面上又平静如恒。

这是一幅很静美的画面，富于诗意，诗人和画家都要想捉住的题材。

但隐藏在这静美的画面之下的，却是一个残酷可怖的争斗，生与死的争斗。

在湖水里生活着的大鱼小鱼们看来，渔人和鹈鹕们都是敌人，都是蹂躏它们，致它们于死地的敌人。

但在鹈鹕们看来，究竟有什么感想呢？

鹈鹕们为渔人所喂养，发挥着它们捕捉鱼儿的天性，为渔人干着这种可怖的杀鱼的事业。它们自己所得的却是那么微小的酬报！

当它们兴高采烈的钻没入水面以下时，它们只知道捕捉，吞食，越多越好。它们曾经想到过：钻出水面，上了船头时，他们所捕捉、所吞食的鱼儿们依然要给渔人所逐一捏压出来，自己丝毫不能享用的么？

它们要是想到过，只是作为渔人的捕鱼的工具，而自己不能享用时，恐怕它们便不会那么兴高采烈的在捕捉、在吞食罢。

渔人却悠然的坐在船梢，安闲的抽着板烟，等待着鹈鹕们为他捕捉鱼儿。一切的摆布，结果，都是他事前所预计着的。难道是"运命"在播弄着的么，渔人总是在"收着渔人之利"的；鹈鹕们天生的要为渔人而捕捉、吞食鱼儿；鱼儿们呢，仿佛只有被捕捉、被吞食的份儿，不管享用的是鹈鹕们或是渔人。

在人间，在沦陷区里，也正演奏着鹈鹕们的"为他人做嫁衣裳"的把戏。

当上海在暮影笼罩下，蝙蝠们开始在乱飞，狐兔们渐渐的由洞穴里爬了出来时，敌人的特工人员（后来是"七十六号"里的东西），便像夏天的臭虫似的，从板缝里钻出来找"血"喝。他们先拣肥的，有油的，多血的人来吮、来咬、来吃。手法很简单：捉了去，先是敲打一顿，乱踢一顿——掌颊更是极平常的事——或者吊打一顿，然后对方的家属托人出来说情。破费了若干千万，喂得他们满意了，然后才有被释放的可能，其间也有清寒的志士们只好挺身牺牲。但不花钱的人恐怕很少。

　　某君为了私事从香港到上海来，被他们捕捉住，作为重庆的间谍看待。囚禁了好久才放了出来。他对我说：先要用皮鞭抽打，那尖长的鞭梢，内里藏的是钢丝，抽一下，便深陷在肉里去，抽了开去时，留下的是一条鲜血痕。稍不小心，便得受一掌、一拳、一脚。说时，他拉开裤脚管给我看，大腿上一大块伤痕，那是敌人用皮靴狠踢的结果。他不说明如何得释，但恐怕不会是很容易的。

　　那些敌人的爪牙们，把志士们乃至无数无辜的老百姓们捕捉着，吞食着。且偷、且骗、且抢、且夺的，把他们的血吮着、吸着、喝着。

　　爪牙们被喂得饱饱的，肥头肥脑的，享受着有生以来未曾享受过的"好福好禄"。所有出没于灯红酒绿的场所，坐着汽车疾驰过街的，大都是这些东西。

　　有一个坏蛋中的最坏的东西，名为吴世宝的，出身于保镖或汽车夫之流，从不名一钱的一个街头无赖，不到几时，洋房有了，而且不止一所；汽车有了，而且也不止一辆；美妾也有了，而且也不止一个。有一个传说，说他的洗澡盆是用银子打成的，金子熔铸的食具以及其他用具，不知有多少。

　　他享受着较桀纣还要舒适奢靡的生活。

　　金子和其他的财货一天天的多了，更多了，堆积得恐怕连他自己也不知其数。都是从无辜无告的人那里榨取偷夺而来的。

　　怨毒之气一天天的深，有无数的流言怪语在传播着。

　　群众们侧目而视，重足而立；"吴世宝"这三个字，成为最恐怖的"毒物"的代名词。

　　他的主人（敌人）觉察到民怨沸腾到无可压制的时候，便一举手的把他逮捕了，送到监狱里去。他的财产一件件的被吐了出来。——不知到底吐出了多少。等到敌人，他的主人觉得满意了，而且说情的人也渐渐多了，才把他释放出来。但在临释的时候，却唆使猘狗咬断

了他的咽喉。他被护送到苏州养伤，在受尽了痛苦之后，方才死去。

这是一个最可怖的鹈鹕的下场。

敌人博得了"惩"恶的好名，平息了一部分无知的民众的怨毒的怒火，同时却获得了吴世宝积恶所得的无数掳获物，不必自己去搜括。

这样的效法喂养鹈鹕的渔人的办法，最为恶毒不过。安享着无数的资产，自己却不必动一手，举一足。

鹈鹕们一个个的上场，一个个的下台。一时意气昂昂，一时却又垂头丧气。

然而没有一个狐兔或臭虫视此为前车之鉴的。他们依然的在搜括、在捕捉、在吞食，不是为了他们自己，却是为了他们的主人。

他们和鹈鹕们同样的没有头脑，没有灵魂，没有思想。他们一个个走上了同样的没落的路，陷落在同一的悲惨的运命里。然而一个个却都踊跃的向坟墓走去，不徘徊，不停步，也不回头。

38. 生存

◉ 瞿秋白

仅只一"生存"对于他（腊斯夸里尼夸夫）总觉不足，他时时要想再多得一些。

——《罪与罚》笃思托叶夫斯基

电灯光射满室，轻轻地静静地回舞他的光线，似乎向我欣然表示乐意。基督救主庙的钟声，在玻璃窗时时震动回响，仿佛有时暗语，我神经受他的暗示。我一人坐着，呆呆地痴想。眼前乱投书籍报章的散影，及小镜的回光。我觉得，心神散乱，很久不能注意一物。只偶然有报上巨大的字母，乌黑的油印能勉强入我眼帘。

我想要做点事情，自己振作振作，随手翻开一本钞本，上有俄文字注着英法中文，还有我一年半以前所钞写的。随意望着钞本看去。当然，我看这钞本并不是因为我又想研究这些俄文字，不过想有点事情做，省得呆坐痴想，心绪恶劣。然而……然而你瞧，我又出神。我竟不能正正经经用功，怎么回事？……

我看见钞本上有：——mentir，lie，谎言等字，不禁微微的一笑——想必当时也没有知道"为什么而笑"。

——什么，你笑么？——忽然听得有人在背后叫我。我吓得四周围看了一看：在屋子里面一个人亦没有。只有一只老白猫坐在地板上，冷冷的嘲笑的神态，眼不转睛的望着我。

"难道这是他说的，"我心上不由得想着，又用用心看好了那白猫，听他再说不说。"奇怪！真奇怪！怎么猫亦说起人话来呢！"唔！又听着：

——你心上喜欢，高兴，你以为，你勉强的懂得几国文字了，（哼，我们看来，当然，还不过是大同小异的"人"的声音罢了；或者是白白的一块软东西上，涂着横七竖八的黑纹。）怎么样？是不是？哼，几国文字！……你可知道，每一国的文字都有"谎言"一字！可是我们"非人"的字典上却没有这一个字。本来也没有字，更没有字典。哼……

说到此时，床下似乎有一点响动，我的神秘的猫突然停止了，竖起双耳，四围看了一周，我当时也就重新看起书来，想不再理他。本来太奇怪了，我实在再也听不来这样的兽语，然而他，似乎很不满意我的这种态度，突然又提高着喉咙演说起来：

——哈哈！你以为你"活着"么？懂得生活的意义么？——他狂

怒似的向着我，又接下道，——不要梦想了，再也没有这一回事！你并没有"活着"，你不过"生存着"罢了；你和一切生存物相同，各有各的主观中之环境，而实际上并不懂得他。你现在有很好的巢穴，里面有人工造的明月，还有似乎是一块软板，上画着花花绿绿的黑油（我也不知道是什么）；坐着呢，很不自然的抬起两只前腿，不坐在地上，而坐在似乎是"半边笼子"里；天赋的清白身体藏在别人的皮毛里；最奇怪的，就是燃着了不知是什么一种草，尽在那里烧自己的喉咙。这就是你的环境。我知道，我很知道，你以为这样非常之便利，非常之好。非常之好！又怎么样？不错，"这些"便利之处，原是你"人"自己造出来的；可是，一人为着"这些"而不惜毁坏别人的"这些"；你们，"人"，互相残杀，也是为着"这些"。不但如此，即使你"人"看着这种行为，以为很有趣，也像我和鼠子一样——残杀本不是罪恶；而"诳言"呢，奸计呢，难道是神圣的？"人"原来是这样一个东西！为了什么？……生存在这种环境之中，"有种种便利之处"可以享用，而还是要想再多得一些，再多得一些，再多得一些！你无论如何不懂得：一面许多人造的"便利之处"，一面就失去"天然的本能"，"与天然奋斗的本能"，而同时你的欲望倒是一天一天的在那里增高扩大呢。于是为满足这种欲望起见，又不能与天然直接奋斗，你于是想法骗人；诳言，奸计。不要脸的混账的"人"！自然呢，这样方法的生活，不是人人都能做得到的，谁要是不会这样生活，那人就倒霉。你看，现在你不是心绪不好，呆呆地痴想，忧愁，烦闷么？这才是你所要的"再多得一些"呢，哈哈哈。我，猫呢，却无时没有现成的衣服，现成的灯烛：日与月。我用不着什么"再多得一些"……

　　——可耻，可耻，"人"，你的"人"！混账，混账！没有才能的，不知恩的，最下贱的自欺者——"人"！——猫说到此，声音更响，

121

竟哈哈大笑起来。

我再也忍耐不住了，站起来要去打他，然而一闪眼，他已经不见了。一看呀，他已经逃得很远很远。"我是个'人'，当然不能追得上他那又小又轻便的无汽机的汽车，无电机的电车。算了罢，算倒霉！"叹一口气，醒来，满身是汗，——原来是一梦。

39. 心的声音

● 瞿秋白

心呢？……真如香象渡河，毫无迹象可寻；他空空洞洞，也不是春鸟，也不是夏雷，也不是冬风，更何处来的声音？静悄悄地听一听：隐隐约约，微微细细，一丝一息的声音都是外界的，何尝有什么"心的声音"。一时一刻，一分一秒间久久暂暂的声音都是外界的，又何尝有什么"心的声音"；千里万里，一寸尺间远远近近的声音，也都是外界的，更何尝有什么"心的声音"。鉤鞱格磔，殷殷洪洪，啾啾唧唧，呼号刁翟，这都听得很清清楚楚么，却是怎样听见的呢？一丝一息的响动，澎湃訇磕的震动，鸟兽和人的声音，风雨江海底声音几千万年来永永不断，爆竹和发枪的声音一刹那间已经过去，这都听得清清楚楚么，都是怎样听见的？短衫袋里时表的声音，枕上耳鼓里脉搏的声音，大西洋海啸的声音，太阳系外陨石的声音，这都听得清清楚楚么，却是怎样听见的呢？听见的声音果真有没有差误，我不知道，单要让他去响者自响，让我来听者自听，我已经是不能做到，我静悄悄地听着，我安安静静地等着；响！心里响呢，心外响呢？心里响的——不是！心里没有响。心外响的——不是！要是心外响的，又怎样能听见他呢？我心上想着，我的心响着。

我听见的声音不少了！我听不了许多凤箫细细，吴语喁喁的声音。我听不了许多管、弦、丝、竹、披霞那、繁华令的声音。我听不了许多呼卢喝雉，清脆的骰声，嘈杂的牌声。我听不了许多炮声、炸弹声、地雷声、水雷声、军鼓、军号、指挥刀、铁锁链的声。我更听不了许多高呼爱国的杀敌声。为什么我心上又一一有回音？

1919年5月1日我在亚洲初听见欧洲一个妖怪的声音。他这声音我听见已迟了。——真听见了么？——可是还正在发扬呢。再听听呢，以后的声音可多着哪！欧洲，美洲，亚洲，北京，上海，纽约，巴黎，伦敦，东京……不用说了。可是，为什么，我心上又一一有回音呢？究竟还是心上的回音呢？还是心的声音呢？

1920年3月6日晚上（庚申正月十五夜），静悄悄地帐子垂下了；月影上窗了，十二点过了，壁上底钟滴鎝滴鎝，床头底表悉杀悉杀，梦里听得枕上隐隐约约耳鼓里一上一下的脉搏声，静沉沉，静沉沉，世界寂灭了么？猛听得硼的一声爆竹，接二连三响了一阵。邻家呼酒了：

"春兰！你又睡着了么？"

"是，着，我没有。"

"胡说！我听着呢。刚才还在里间屋子里呼呼的打鼾呢。还要抵赖！快到厨房里去把酒再温一温好。"

我心上想道："打鼾声么？我刚才梦里也许有的。他许要来骂我了。"一会儿又听着东边远远地提高着嗓子嚷："洋……面……饽饽"，接着又有一阵鞭爆声；听着自远而近的三弦声凄凉的音调，冷涩悲亢的声韵渐渐地近了……呜呜的汽车声飙然地过去了……还听得"洋……面……饽饽"叫着，已经渐远了，不大听得清楚了，三弦声更近了，墙壁外的脚步声、竹杖声清清楚楚，一步一敲，三弦忽然停住

了。——呼呼一阵风声，月影儿动了两动，窗帘和帐子摇荡了一会儿……好冷呵！静悄悄地再听一听，寂然一丝声息都没有了，世界寂灭了么？

月影儿冷笑："哼，世界寂灭了！大地上正奏着好音乐，你自己不去听！那洪大的声音，全宇宙都弥漫了，金星人，火星人，地球人都快被他惊醒那千百万年的迷梦了！地球东半个，亚洲的共和国里难道听不见？现在他的名义上的中央政府已经公布了八十几种的音乐谱，乐歌，使他国里的人民仔细去听一听，你也可以随喜随喜，去听听罢。"我不懂他所说的声音。我只知道我所说的声音。我不能回答他。我想，我心响。心响，心上想："这一切声音，这一切……都也许是心外心里的声音，心上的回音，心底声音，却的确都是'心的声音'。你静悄悄地去听，你以后细细地去听。心在那？心呢？……在这里。"

1920 年 3 月 6 日。

错误

暗沉沉的屋子，静悄悄的钟声，揭开帐子，窗纸上已经透着鱼肚色的曙光。看着窗前的桌子，半面黑黝黝，半面黯沉沉的。窗上更亮了。睡在床上，斜着看那桌面又平又滑，映着亮光，显得是一丝一毫的凹凸都没有。果真是平的。果真是平的么？一丝一毫的凹凸都没么？也许桌面上，有一边高出几毫几忽，有一边低下几忽几秒，微生虫看着，真是帕米尔高原和太平洋低岸。也许桌面上，有一丝丝凹纹，有一丝丝凸痕，显微镜照着，好像是高山大川，峰峦溪涧。我起身走近桌子摸一摸，没有什么，好好的平滑桌面。这是张方桌子。方的么？我看着明明是斜方块的。站在洗脸架子旁边，又看看桌子，呀，怎么桌子只有两条腿呢？天色已经大亮，黯沉沉的桌子现在已经是黄澄澄的了。太阳光斜着射进窗子里来，桌面上又忽然有一角亮的，其余呢

——黯的，原来如此！他会变的。……唉，都错了！……

洗完脸，收拾收拾屋子，桌子，椅子，笔墨书都摆得整整齐齐。远远地看着树杪上红映着可爱的太阳儿，小鸟啁啾唱着新鲜曲调，满屋子的光明，半院子的清气。这是现在。猛抬头瞧着一张照片，照片上：一角花篱，几盆菊花，花后站着、坐着三个人。我认识他们，有一个就是我！回头看一看，镜子里的我，笑着看着我。这是我么？照片上三个影子引着我的心灵回复到五六年前去。——菊花的清香，映着满地琐琐碎碎的影子，横斜着半明不灭的星河，照耀着干干净净的月亮。花篱下坐着三个人，地上纵横着不大不小的影子，时时微动，喁喁的低语，微微的叹息，和着秋虫啾啾唧唧，草尖上也沾着露珠儿，亮晶晶的，一些些拂着他们的衣裳。黯沉沉的树荫里飕飕的响，地上参差的树影密密私语。一阵阵凉风吹着，忽听得远远的笛声奏着《梅花三弄》，一个人从篱边站起来，双手插插腰，和那两个人说道："今天月亮真好。"……这就是我。这是在六年以前，这是过去。那又平又滑的桌面上放着一张纸条，上面写道："请秋白明天同到三贝子花园去。呵！明天到三贝子花园去的，不也是我么？这个我还在未来；如何又有六年，如何又有一夜现在，过去未来又怎样计算的呢？这果真是现在，那果真是过去和未来么？那时，这时，果真都是我么？……唉！都错了！……

我记得，四年前，住在一间水阁里，天天开窗，就看着那清澄澄的小河，听着那咿咿哑哑船上小孩子谈谈说说的声音。远远的，隐隐约约可以看见江阴的山，有时青隐隐的，有时黑沉沉的，有时模模糊糊的，有时朦朦胧胧的，有时有，有时没有。那天晚上，凭着水阁的窗沿，看看天上水里的月亮。对岸一星两星的灯光，月亮儿照着，似乎有几个小孩子牵着手走来走去，口里唱着山歌呢。忽然听着一个小孩子说道：

"二哥哥，我们看水里一个太阳，太……"又一个道：

"不是，是月亮，在天上呢，不在水里。"转身又向着那一个小孩子说道：

"大哥哥，怎么今天月亮儿不圆呢？昨天不是圆的么？"听着回答道：

"怎么能天天都是圆的呢？过两天还要没有月亮呢。"

"大哥骗我，月亮不是天生圆的么？不是天天有的么。"

"我们去问姊姊。姊姊，姊姊。我刚才和阿二说，月亮会没有的，他不信，他说我说错了。"姊姊说道：

"妈妈的衣服还没有缝好呢，你们又来和我吵，管他错不错呢……"

1920 年 3 月 20 日

战争与和平

小花厅里碧纱窗静悄悄的，微微度出低低的歌声。院子里零零落落散了一地的桃花，绿荫沉沉两株杨柳，微风荡漾着。一个玲珑剔透六七岁的小孩子坐在花厅窗口，口里低低的唱着：

> "姊姊妹妹携手去踏青。
>
> 垂垂杨柳，呖呖莺声，
>
> 春风拂衣襟，春已深。
>
> 郊前芳草地，正好放风筝……"

桌子上放着一个泥人，是一个渔婆，手里提着一只鱼篮，背上搁着很长很长一竿钓鱼竿，丝线做的钓丝，笑嘻嘻的脸。小孩子一面唱一面用手抚着那钓丝，把许多桃花片，一片一片往钓丝上穿，又抓些

126

榆钱放在那鱼篮里。又一个小孩子走来了。说道："哥哥，我找你半天了，爸爸给我一个皮球。"那哥哥道："我不爱皮球。弟弟，你来瞧，渔婆请客了，你瞧他体面不体面？篮子里还装着许多菜呢。"弟弟瞧一瞧说道："真好玩，我们两个人来玩罢。"说着，转身回去拿来许许多多纸盒，画片，小玻璃缸，两只小手都握不了。一忽儿又拿些洋团团，小泥人来了。两个小孩子摆摆弄弄都已摆齐了，喜欢得了不得，握握手对着面笑起来。弟弟一举手碰歪了一只小泥牛，哥哥连忙摆好了说道："都已齐了，我们请姊姊来看，好不好呢？"弟弟说："我去请。"说着兴头头的三脚两步跑进去了。一忽儿又跑出来气喘喘的说道："姊姊不来，他在那儿给渔婆做衣服呢。"

哥哥道："他不来么？"说着，又把一张画片放在渔婆面前说道："弟弟，你瞧，渔婆又笑了。"弟兄两个人拍着手大笑。一忽儿，哥哥弟弟都从椅子上下来，一面踏步走，一面同声唱着，嚷着很高的喉咙，满花厅的走来走去，只听得唱道：

"……战袍滴滴胡儿血。

自问生平……头颅一掷轻。"

一面唱一面走出花厅，绕着院子里两株杨柳，跑了两三匝。哥哥忽然说道："渔婆要哭了，进去罢。"弟兄两个又走进花厅，两个人都跑得喘吁吁的。哥哥在桌子上一翻，看见一张画片，诧异道："谁给你的？我昨天怎么没有看见他？"弟弟道："爸爸昨天晚上给我的。"哥哥道："送给我罢。"弟弟道："不，为什么呢？爸爸给我的。"弟弟说着，把那张画片抢着就跑。哥哥生气道："这些我都不要了，……"说着，两只小手往桌子上乱扑乱打了一阵。渔婆，小泥人，玻璃缸打得个稀烂。弟弟听着打的声音又跑回来，看一看，哭道："你把我洋

团团底头打歪了，我告诉爸爸去！"说着往里就跑，哥哥追上去，弟兄俩扭做一堆，连扭带推，跑过院子，往里面上房里去了。

只听花厅背后，弟弟嚷着的声音："姊姊！姊姊！哥哥打我……"

院子里绿荫底下，落花铺着的地上，却掉着一张画片——原来是法国福煦元帅底彩色画像，戴着军帽穿着军衣的……。

1920 年 3 月 28 日

爱

　　"爱"不是上帝，是上帝心识底一部现象。

——托尔斯泰

"唔唔……妈呢？……"

"好孩子。妈在城外赶着张大人家丧事，讨些剩饭剩菜给我们吃呢。闭着眼静静儿罢。陆毛腿去弄药草怎么到现在还不来呢？孩子，你饿吗？难受得厉害吗？吃什么不要？"

"我……唔唔……我……我我……不……我不……"

模模糊糊的呻吟声，发着，断断续续的……轻微声浪隐隐地震着，沉静的空气里荡漾着……唉！

嫩芽婀娜的几株垂杨底下，一家车门旁边，台阶上躺着十二三岁的孩子，仰面躺着，那如血的斜阳黯沉沉的映着他姜黄色的脸，只见他鼻孔一扇一扇，透不出气似的。时时呻吟着。旁边跪着一个老头儿，满脸沙尘，乱茅茅的胡须，蓬蓬松松的头发，苍白色的脸，远看着也分不出口鼻眼睛，只见乌黑阵阵的一团。他跪在地上，一手拿着许多柳枝替小孩子垫头，一手抚着小孩子底胸，不住地叹气，有时翻着自己褴褛不堪的短衫搔搔痒。他不住地叹气，不住地叹气！心坎里一阵酸一阵苦。他时时望着西头自言自语："来了吗？没有！不是；好孩

128

子!"……"你妈……"

我在街上走着，走着，柳梢的新月上来了……呼呼一阵狂风。呼……呼……满口的沙尘。唉！风太大了！……

一个"冥影"飚然一扇，印在我心坎里，身上发颤，心灵震动……震动了。他们……他们那可怕的影子，我不敢看。

"老爷，老爷！多福多寿的爷爷，赏我们……赏……"

那老头儿在地上碰着头直响，脸上底泥沙更多了。小孩子翻一翻眼，唉！可怕！他眼光青沉沉的……死……死人似的！可怕！

"老爷，我这小孩子病了。怎好？赏几个钱……"

老头儿又碰着头，我走过他们，过去了，又回头看看，呀！……给他们两个铜元……两个铜元？

老头儿拣着，磕头道谢；又回身抚着小孩子，塞一个铜元在他手里，又道："妈来了，来了。"小孩睁一睁眼……我又回头一看，赶快往前就走，我心里，心里跳。怪，鬼，魔鬼！心里微微的颤着，唉！……

我事情完了，要回家去。叫洋车，坐上车，一个小孩子跟着车夫。车夫给他一个铜元道："家去跟着妈罢！"

"爸爸回来吃晚饭？我们等着爸爸……等着您！"

在长安街两边的杨柳、榆树，月亮儿莹洁沉静，沉静的天空。呀！不早了！十点半。车夫拖着车如飞的往前走去。似乎听得："妈！……好吃……嘻嘻嘻……"

月亮儿莹洁沉静，沉静的天空！

"爱！"……宇宙建筑在你上。

劳动？

青隐隐的远山，一片碧绿的秧田草地，点缀着菜花野花，一湾小

溪潺潺流着；阴沉沉的树林背后，露出一两枝梨花，花下有几间茅屋。风吹着白云，慢慢的一朵朵云影展开，绉得似鱼鳞般的浪纹里映着五色锦似的，云呵，水呵，微微地笑着；远山巅隐隐的乌影闪着，点点头似乎会意了。啁啁啾啾的小鸟，呢呢喃喃的燕子织梭似的飞来飞去。青澄澄的天，绿茫茫的地，荫沉沉的树荫，静悄悄的流水，好壮美的宇宙呵，好似一只琉璃盒子。

那琉璃盒，琉璃盒里有些什么？却点缀着三三两两的农夫弓着背曲着腰在田里做活。小溪旁边，田陇西头，一个八九岁的小孩子，穿着一条红布裤子，一件花布衫，左手臂上补着一大块白布，蓬着头，两条小辫子斜拖着，一只手里拿着一件破衣服，汗渍斑驳的，一只手里提着篮，篮里放着碗筷，慢慢的向着一条板桥走去，口里喃喃地说道：“爸爸今日又把一些菜都吃了，妈又要抱怨呢。”他走到桥上，刚刚两只燕子掠水飞过，燕子嘴边掉下几小块泥，水面上顿时荡着三四匝圆圈儿。他看着有趣，站住了，回头看一看，他父亲又叫他快回家。他走过桥去，一忽儿又转身回来，走向桥坞下，自言自语道：“妈就得到这儿来洗这件衣服，放在这儿罢。”一面说，一面把那件衣服放在桥下石凳上，起身提着篮回去了。

夕阳渐渐地下去了，那小孩子的父亲肩着锄头回家了，走过桥边洗洗脚，草鞋脱下去提在手里，走回家去。远山外还是一片晚霞灿烂，映着他的脸，愈显得紫澄澄的。他走到家里。“刚换下来的衣服洗了没有？”一个女人答道：“洗好了。四月里天气，不信有这么热！一件衬里布衫通通湿透了。”——接着又道：“张家大哥回来了，还在城里带着两包纱来给我，说是一角洋钱纺两支。”那父亲道：“那不好吗，又多几文进项。”

那父亲又道：“我吃过饭到张家去看看他。”小孩子忙着说道：“我跟着爸爸同去，张家姊姊叫我去帮他推磨呢。”父亲道：“好罢，

我们就吃饭罢。"大家吃过饭，那女人点着灯去纺纱了，爷儿两个同着过了桥，到对村张家来。

听着狗汪汪地叫了两声，一间茅屋里走出一个人来说道："好呀！李大哥来了，我上午还在你家里看你们娘子呢，我刚从城里回来就去看你，谁知道已经上了忙了，饭都没有工夫回家吃，我去没有碰着你，你倒来了。"接着三个走进屋子，屋子里点着一盏半明不灭的油灯，摆着几张竹椅子，土壁上挂一张破钟馗，底下就摆一张三脚桌子；桌子旁边坐着一位老婆婆，手里拈着念佛珠，看见李大哥进来忙着叫他孙女翠儿倒茶。一忽儿翠儿同着李家的小孩子到别间屋子里去了，李大就在靠门一张矮竹椅上坐下，说道："谢谢你，张大哥，给我带几支纱回来。"那老婆婆说道："原来你们娘子也纺'厂纱'吗？那才好呢。多少钱纺一支？"张大道："半角洋钱。"老婆婆说道："怪不得他们都要纺纱纺线的。在家里纺着不打紧，隔壁的庞家媳妇不是到上海什么工厂纱厂里去了么？山迢水远的，阿弥陀佛，放着自己儿女在家里不管，赤手赤脚的东摸摸西摸摸，有什么好处！穿吃还不够，镀金戒指却打着一个，后来不知怎么又当了，当票还在我这儿替他收着呢。阿弥陀佛！"

李大问张大道："庞大现在怎么样了？"老婆婆抢着说道："他么？阔得很呢！哼！从城里一回来，就摇摇摆摆的，新洋布短褂，新竹布长衫，好做老爷了。一忽儿锄头碰痛了他的手，一忽儿牛鼻子擦脏了他的裤子，什么都不是了；见着叫都不叫一声，眼眶子里还有人吗？我看着他吃奶长大了的，这忽儿干妈也不用叫一声了，当了什么工头，还是什么婆头呢？阿弥陀佛！算了罢！"

张大道："妈那儿知道呢？他只好在我们乡下人面前摆摆阔，见他的鬼呢！我亲眼看见他在工厂门口吃外国火腿呢，屁股上挨着两脚，那外国人还叽叽咕咕骂个不住，他只板着一张黑黝黝的脸，瞪着眼，

只得罢了，还说什么'也是''也是'。他们那些工厂里的人是人吗？进了工厂出来，一个个乌嘴白眼的，满身是煤灰，到乡下来却又吵什么干净不干净了，我看真像是'鬼装人相'，洋车夫还不如。"

老婆婆道："又来了，拉洋车就好吗？你还不心死？拉洋车和做小工的，阿弥陀佛，有什么好处！有一顿没一顿的。你还想改行拉车么？我说你还是不用到城里罢，水也不用挑了。快到头忙了，自己没有田，帮着人家做做忙工，在家里守着安安稳稳的不好吗？"李大道："婶婶说得对。现在人工短得很，所以忙工的钱也贵了，比在城里挑水也差不了多少，还吃了人家的现成饭，比我自己种那一二亩田还划算得来呢。"

张大道："差却不差，我明后天上城和陈家老爷说，我的挑水夫底执照请他替我去销了罢，横竖陈家老爷太太多慈悲，下次再去求他没有不肯的。人家二文钱一担水，他家给三文，现在涨了，人家给四文钱，他家总算七八文，不然我早已不够吃了。"老婆婆叹口气道："阿弥陀佛，那位老爷太太多子多孙多福多寿。"李大也说声"阿弥陀佛"，说着站起来叫他小孩子道："我们回去罢，小福，出来罢，请翠姐姐空着就到我们家里去玩。"小福答应着，同着翠儿出来。爷儿二个一同告别要走，翠儿还在后面叫着小福道："不要忘了，福弟弟，我们明天同去看燕子呀。"说着，祖孙三个都进屋子里去。

月亮儿上来了，树影横斜，零零落落散得满地的梨花，狗汪汪地叫着……。

远！

远！

远！远远的……

……

青隐隐的西山，初醒；

红沉沉的落日，初晴。

疏林后，长街外，

漠漠无垠，晚雾初凝。

更看，依稀如画，

平铺春锦，关天云影。

呻吟……呻吟……

——"咄！滚开去！哼！"

警察的指挥刀链条声，

和着呻吟……——"老爷"

"赏……我冷……"……呻吟……

——"站开，督办底汽车来了，

哼！"火辣辣五指掌印，

印在那汗泥的脸上，也是一幅春锦。

掠地长风，一阵，

汽车来了。

——"站开……"

白烟滚滚，臭气熏人。

看着！长街尽头，长街尽……

隐隐沉沉一团黑影。……

晚霞拥着，微笑的月影。

………

远！远远的……

40. 墓畔哀歌

◉ 石评梅

一

我由冬的残梦里惊醒,春正吻着我的睡靥低吟!晨曦照上了窗纱,望见往日令我醺醉的朝霞,我想让丹彩的云流,再认认我当年的颜色。

披上那件绣着蛱蝶的衣裳,姗姗地走到尘网封锁的妆台旁。呵!明镜里照见我憔悴的枯颜,像一朵颤动在风雨中苍白凋零的梨花。

我爱,我原想追回那美丽的娇容,祭献在你碧草如茵的墓旁,谁知道青春的残蕾已和你一同殉葬。

二

假如我的眼泪真凝成一粒一粒珍珠,到如今我已替你缀织成绕你玉颈的围巾。

假如我的相思真化作一颗一颗的红豆,到如今我已替你堆集永久勿忘的爱心。

哀愁深埋在我心头。

我愿燃烧我的肉身化成灰烬,我愿放浪我的热情怒涛汹涌,天呵!这蛇似的蜿蜒,蚕似的缠绵,就这样悄悄地偷去了我生命的青焰。

我爱,我吻遍了你墓头青草在日落黄昏;我祷告,就是空幻的梦吧,也让我再见见你的英魂。

三

明知道人生的尽头便是死的故乡,我将来也是一座孤冢,衰草斜阳。有一天呵!我离开繁华的人寰,悄悄入葬,这悲艳的爱情一样是

134

烟消云散，昙花一现，梦醒后飞落在心头的都是些残泪点点。

然而我不能把记忆毁灭，把埋我心墟上的残骸抛却，只求我能永久徘徊在这垒垒荒冢之间，为了看守你的墓茔，祭献那茉莉花环。

我爱，你知否我无言的忧衷，怀想着往日轻盈之梦。梦中我低低唤着你小名，醒来只是深夜长空有孤雁哀鸣！

四

黯淡的天幕下，没有明月也无星光，这宇宙像数千年的古墓；皑皑白骨上，飞动闪映着惨绿的磷花。我匍匐哀泣于此残锈的铁栏之旁，愿烘我愤怒的心火，烧毁这黑暗丑恶的地狱之网。

命运的魔鬼有意捉弄我弱小的灵魂，罚我在冰雪寒天中，寻觅那凋零了的碎梦。求上帝饶恕我，不要再惨害我这仅有的生命，剩得此残躯在，容我杀死那狞恶的敌人！

我爱，纵然宇宙变成烬余的战场，野烟都腥：在你给我的甜梦里，我心长系驻于虹桥之中，赞美永生！

五

我整天踟蹰于垒垒荒冢，看遍了春花秋月不同的风景，抛弃了一切名利虚荣，来到此无人烟的旷野，哀吟缓行。我登了高岭，向云天苍茫的西方招魂，在绚烂的彩霞里，望见了我沉落的希望之陨星。

远处是烟雾冲天的古城，火星似金箭向四方飞游！隐约的听见刀枪搏击之声，那狂热的欢呼令人震惊！在碧草萋萋的墓头，我举起了胜利的金斛，饮吧我爱，我奠祭你静寂无言的孤冢！

星月满天时，我把你遗我的宝剑纤手轻擎，宣誓向长空：愿此生永埋了英雄儿女的热情。

六

假如人生只是虚幻的梦影，那我这些可爱的映影，便是你赠与我的全生命。我常觉你在我身后的树林里，骑着马轻轻地走过去。常觉

135

你停息在我的窗前，徘徊着等我的影消灯熄。常觉你随着我唤你的声音悄悄走近了我，又含泪退到了墙角。常觉你站在我低垂的雪帐外，哀哀地对月光而叹息！

在人海尘途中，偶然逢见个像你的人，我停步凝视后，这颗心呵！便如秋风横扫落叶般冷森凄零！我默思我已经得到爱之心，如今只是荒草夕阳下，一座静寂无语的孤冢。

我的心是深夜梦里，寒光闪烁的残月，我的情是青碧冷静，永不再流的湖水。残月照着你的墓碑，湖水环绕着你的坟，我爱，这是我的梦，也是你的梦，安息吧，敬爱的灵魂！

七

我自从混迹到尘世间，便忘却了我自己；在你的灵魂我才知是谁？

记得也是这样夜里。我们在河堤的柳丝中走过来，走过去。我们无语，心海的波浪也只有月儿能领会。你倚在树上望明月沉思，我枕在你胸前听你的呼吸。抬头看见黑翼飞来掩遮住月儿的清光，你抖颤着问我：假如这苍黑的翼是我们的命运时，应该怎样？

我认识了欢乐，也随来了悲哀，接受了你的热情，同时也随来了冷酷的秋风。往日，我怕恶魔的眼睛凶，白牙如利刃；我总是藏伏在你的腋下趑趄不敢进，你一手执宝剑，一手扶着我践踏着荆棘的途径，投奔那如花的前程！

如今，这道上还留着你斑斑血迹，恶魔的眼睛和牙齿还是那样凶狠。但是我爱，你不要怕我孤零，我愿用这一纤细的弱玉腕，建设那如意的梦境。

八

春来了，催开桃蕾又飘到柳梢，这般温柔慵懒的天气真使人恼！她似乎躲在我眼底有意缭绕，一阵阵风翼，吹起了我灵海深处的波涛。

这世界已换上了装束，如少女般那样娇娆，她披拖着浅绿的轻纱，

蹁跹在她那（婀）紫嫣红中舞蹈。伫立于白杨下，我心如捣，强睁开模糊的泪眼，细认你墓头，萋萋芳草。

满腔辛酸与谁道？愿此恨吐向青空将天地包。它纠结围绕着我的心，像一堆枯黄的蔓草，我爱，我待你用宝剑来挥扫，我待你用火花来焚烧。

九

垒垒荒冢上，火光熊熊，纸灰缭绕，清明到了。这是碧草绿水的春郊。墓畔有白发老翁，有红颜年少，向这一捧黄土致不尽的怀忆和哀悼，云天苍茫处我将魂招；白杨萧条，暮鸦声声，怕孤魂归路迢迢。

逝去了，欢乐的好梦，不能随墓草而复生，明朝此日，谁知天涯何处寄此身？叹漂泊，我已落花浮萍，且高歌，巨痛饮，拼一醉烧熄此心头余情。

我爱，这一杯苦酒细细斟，邀残月与孤星和泪共饮，不管黄昏，不论夜深，醉卧在你墓碑傍，任霜露侵凌吧！我再不醒。

41. 心之波

◉ 石评梅

我立在窗前许多时候，我最喜欢见落日光辉，照在那烟雾迷蒙的西山，在暮色苍茫的园里，粗厉而且黑暗的假山影，在紫色光辉里照耀着；那傍晚的云霞，飘坠在楼下，青黄相间，迎风摇曳的梧桐树上——很美丽的闪烁；犹如一阵淡红蔷薇花片的微雨，偏染了深秋梧叶。我痴痴地看那晚霞坠在西山背后，今天的愉快中秋节，又匆匆地去了！时间张着口，把青春之花，生命之果都吸进去了；只留下迷路的小羊在山坡踌躇着。

夜间临到了！我在寂寞沉闷的自然怀抱中，我是宇宙的渺小者呵；这一瞥生命之波又应当这样把温和与甜蜜的情感，去发掘宇宙秘藏之奥妙；吸收她的美和感化，以安慰这枯燥的人生呵！晶莹光辉的一轮明月，她将一手蕴藏的光明，都兴尽的照遍宇宙了；那夜景的灿烂，都构成很和平很静默的空气。我从楼上下去到了后院——那空旷的操场上，去吸收她那素彩清辉的抚爱；一路过了许多游廊，那电灯都黑沉的想着他的沉闷，他是没有力量和月光争辉的，但在黑暗的夜里，那月儿被黑云翳遮满了，除了一二繁星闪烁外，在那黑暗里辉耀着的就是电灯了！但现在他是不能和她争点光明的，因为她是自然的神。我一路想着许多无聊的小问题，不觉的走到花园的后面一棵松树底下；我就拂着枯草坐在树底。从枝叶织成的天然幕里，仰着头看那含笑的月！我闭了眼，那灵魂儿不觉的飞出去，找我那理想中之幻想界——神之宫——仙之园——作我的游缘。我觉着灵魂从白云迷茫中，分出一道光明的路，我很欣喜的踏了进去，那白玉琢成的月宫里，冉冉的走出许多极美丽的白衣仙女，张着翅膀去欢迎我的灵魂！从微笑的温和中，我跪在那白绒的毡上，伏在那洁白神女之肩上。我那时觉着灵魂儿都化成千数只的蝴蝶，翩翩在白云的深宫跳舞了！神秘的音乐，飘荡在银涛的波光中，那地上的花木，也摇曳着合拍的发出相击的细声。眼睁开了，依然在伟大的松林影下坐着，眼中还映着那闪烁而飘浮的色带：仿佛那白衣的神妃及仙女都舞蹈着向我微笑！她听见各地方都发出嘹嘹的，奇异的，悲愁的，感动的，恳切的声调；如珍珠的细雨密在深密而开花的林中一样。我慢慢地醒了那灵魂中构成的幻梦，微细的音乐还依然在那银涛之光中波动着。我凝神细听，才知是远处的箫声，那一缕缕的哀音，告诉以人类的可怜！

去年今夜，不是同她在皓月之下叙别吗？我那时候无心去看月儿

的娇媚，我的泪只是往肚子里流！现在月儿一样的照在我和她的心里，但重洋之波流不去我的思惘。我确知道她是最哀痛的一个失恋者，在生命中她不觉的愉快，幸福只充满了忏悔和哀怨。她生命之花，都被那恶社会的环境牺牲了。她觉着宇宙尽充着悲哀，在呜咽的音容中，微笑总是徒然，像海鸥躲出海去，是不可能的事啊！我思潮不定的波荡着，到了我极无聊的时候，我觉着又非常可笑！人生到底是怎样生活去吗？我慢慢地向我寝室走，那萧瑟的秋风吹在两旁的树林里，瑟瑟地向我微语：他们的吟声和着风声，唱出那悲哀之歌。我踽踽独行，是沉闷无聊的事吗？但我看来，是在这烦恼嚣杂的社会里，不亲近人是躲避是非的妙法。所以人家待我有二三分的美意，我就觉着有一种说不出的恐怖布满了我的心腔。我慢慢地沉思着走到了我的楼下，忽然见楼傍有个黑影一闪，我很惊讶地问了一声"是谁"，但那黑影已完全消灭了，找不出半点行踪。一瞥的人生也是这样的无影无踪吗？我匆匆地上楼，那皓光恰好射在我的帐子上，现出种极惨的白色！在帐中的一个小像上，她掬着充足的泪泉在那眼波中，摄我的灵魂去，游那悲哀之海啊！失恋的小羊哟，在这生命之波流动的时候，那种哀怨的人生，是阻止那进行的拦路虎，愈要觉着那不语的隐痛。但人要不觉悟人世是虚伪的，本来什么也不足为凭，何况是一种冲动的感情啊！不过人在旁观者的地位都觉着她是不知从达观方面去想的，到了身受者亲切的感着时候，是比不得旁观者之冷眼讥笑。这假面具带满的社会，谁能看透那脑筋汇荡着什么波浪啊！谁知道谁的目的是怎样主张啊？况且人世的事都是完全相对的，不能定一个是非。如甲以为是的乙又以为非，是没有标准的。那么，在这恶社会里失望和懊恼，都是人类难免的事。这么一想，她有多少悲哀都要被极强的意志战胜。既然人世是宇宙的渺小者瞬息的一转，影一般的就捉不住了！那疲倦的青春，和沉梦的醉者，都是青年人所不应当消极的。但现在的青年

——知识界的青年，因感觉的敏感，和思想的深邃，所以处处瞧着不快的人生、烦闷的人生。他们见宇宙的事物，人类是受束缚的。那如天空的鸿雁，任意翱翔，春日的流莺，随心歌唱呢？他们是没有知识的，所以他们也减少烦恼，他们是生活简单的，所以也不受拘束。

我一沉思，虽晴光素彩，光照宇宙，但我心胸中依然塞满了黑暗。我搬把椅子，放在寝室外边的栏杆旁，恰好一轮明月，就照着我。那栏杆下沉静的青草和杨柳，也伸着头和月儿微语呢。一阵秋风，那树叶依然扑拉拉落了满地。月儿仍然不能保护他今夜不受秋风的摧残，她更不能借月儿的力量，帮助他的"生命之花"不衰萎不败落。这是他们最不幸的事情，但他们也慷慨的委之于运命了！夜是何等的静默啊！心之波在这爱园中波荡着，想起多少的回忆：在初级师范读书的时候，天真烂漫，那赤血搏动的心里，是何等光亮和洁白呵！没有一点的尘埃，是奥妙神洁的天心呵！赶我渐渐一步一步的挨近社会，才透澈了社会的真象——是万恶的——引人入万恶之途的。一人万恶之渊，未有不被万恶之魔支配的！叫他洁白的心胸，染了许多的污点。他是意志薄弱的青年，能不被万恶之魔战败吗！所以一般知识略深的青年，对于社会的事业，是很热心去改造的，不过因为环境和恶魔的征服，他们结果便灰心了，所以他对于社会是卑弃的、远避的。社会上所需要的事物，都是悖逆青年的意志，而偏要使他去做的事情。被征服的青年，也只好换一副面具和心肠去应付社会去、这是人生隐痛啊！觉悟的青年，感受着这种苦痛，都是社会告诉他的，将他从前的希望，都变成悲观的枯笑，使他自然地被摒弃于社会之外，社会的万恶之魔，就是许多相袭既久的陈腐习惯；在这种习惯下面，造出一种诈伪不自然的伪君子，面子上都是仁义道德，骨子里都是男盗女娼，然而这是社会上最尊敬最赞扬的人物，假如在这社会习惯里有一二青年，要禀着独立破坏的精神，去发展个人的天性，不甘心受这种陈腐

不道德的束缚，于是乎东突西冲，想与社会作对，但是社会的权力很大，罗网很密，个人绝对不能做社会的公敌的，社会像个大火炉，什么金银铜铁锡，进了炉子，都要熔化的。况且"多数服从的迷信"是执行重罚的机关（舆论），所以他们用大多数的专制威权去压制那少数的真理志士，剥夺了他的言论行动精神肉体——易卜生的社会栋梁同国民公敌都是青年在社会内的背影！

人生是不敢去预想未来，回忆过去的，只可合眼放步随造物的低昂去。一切希望和烦恼，都可归到运命的括弧下。积极方面斗争作去，终归于昙花一现，就消极方面挨延过去，依然一样的落花流水；所取的目的虽不同，而将来携手时，是同归于一点的。人生如沉醉的梦中，在梦中的时候一颦一笑，都是由衷的——发于至情的；迨警钟声唤醒噩梦后，回想是极无意识而且发笑的！人生观中一片片的回忆，也是这种现象。

今夜的月儿，好像朵生命之花，而我的赤魂又不能永久深藏在月宫，躲着这沉浊的社会去，这是永久的不满意呵！世界上的事物，没有定而不变的，没有绝对真实的。我这一时的心波是最飘忽的一只雁儿；那心血汹涌的时候，已一瞥的追不回来了！追不回来了！我只好低着头再去沉思之渊觅她去……

42. 灰烬

● 石评梅

我愿建我的希望在灰烬之上，然而我的希望依然要变成灰烬：灰烬是时时刻刻的寓在建设里面，但建设也时时刻刻化作灰烬。

我常对着一堆灰烬微笑，是庆祝我建设的成功，然而我也对着灰烬痛哭，是抱恨我的建设的成功终不免仍是灰烬。

一星火焰起了，围着多少惊怕颤战的人们，唯恐自己的建设化成灰烬；火焰熄了，人们都垂头丧气离开灰烬或者在灰烬上又用血去建筑起伟大的工程来！在他们欣欣然色喜的时候，灰烬已走进来，偷偷地走进来了！

这本来是平常的一件事，然而众人都拿它当作神妙的谜。我为了这真不能不对聪明的人们怀疑了！

谁都忍心自己骗自己，谁都是看不见自己的脸，而能很清楚的看别人的脸，不觉自己的面目可憎，常常觉着别人的面目是可憎。上帝虽然曾告诉人们有一面镜子，然而人们都藏起来，久而久之忘了用处，常常拿来照别人。这是上帝的政策，羁系世界的绳索；谁都愿意骗自己，毫不觉得诚心诚意贡献一切给骗自己的神。

我们只看见装演美丽、幻变无常的舞台，然而我们都不愿去知道，复杂凌乱，真形毕露的后台：我们都看着喜怒聚合，乔装假扮的戏剧，然而我们都不过问下装闭幕后的是谁？不愿去知道，不愿去过问明知道是怕把谜猜穿。可笑人们都愿蒙上这一层自己骗自己的薄纱，永远不要猜透，直到死神接近的时候。

锦绣似的花园，是荒冢，是灰烬！美丽的姑娘，是腐尸，是枯骨！然而人们都徘徊在锦绣似的花园，包围着美丽的姑娘。荒冢和枯骨都化成灰烬了，沉恋灰烬的是谁呢？我在深夜点着萤火灯找了许久了，然而莫有逢到一个人！

谁都认荒冢枯骨是死了的表象，然而我觉着是生的开始，因此我将我最后的希望建在灰烬之上。

在这深夜里，人们都睡了，我一个人走到街上去游逛，这是专预备给我的世界吧！一个人影都莫有，一点声音都莫有，这时候统治宇

宙的是我，静悄悄家家的门儿都关闭着，人们都在梦乡里呓语，睁着眼看这宇宙的只有我！我是拒绝在门外和梦乡的人，纵然我现在投到母亲的怀里，母亲肯解怀留我：不过母亲也要惊奇的，她的女儿为什么和一切的环境反抗，众人蠢动的时候，她却睡着，众人睡梦的时候，她却在街上观察宇宙，观察一切已经沉寂的东西呢？

其实这有什么惊奇呵：一样度人生，谁也是消磨这有尽的岁月，由建设直到灰烬；我何尝敢和环境反抗，为什么我要和它们颠倒呢？为了我的希望建在灰烬之上，而他们的希望却是建在坚固伟大的工程里。

我终日和人们笑，但有时我在人们面前流下泪来！这不过只是我的一种行为，环境逼我出此的一种行为。我的心绝对不跑到人间，尤其不会揭露在人们的面前。我的心是闪烁在烨光萤火之上，荒墟废墓之间；在那里你去低唤着我的心时，她总会答应你！而且她会告诉你不知道的那个世界里的世界。萤火便在我手里，然而追了她光华来找我的却莫有人。我想杀人，然而人也想杀我；我想占住我的地盘，然而人也想占住我的地盘；我想推倒你，谁知你也正在要推倒我！翻开很厚的历史，展阅很广的地图，都是为了这些把戏。我站在睡了的地球上，看着地上的血迹和尸骸这样想。

一把火烧成了灰烬，灰烬上又建造起很伟大庄严美丽的工程来。火是烧不尽的，人也是杀不尽的，假如这就是物质不灭的时候。

人生便是互相仇杀残害，然而多半是为了扩大自己的爱，爱包括了一切，统治了一切；因之产生了活动的进行的战线，在每个人离开母怀的时候。这是经验告诉我的。烦恼用铁锤压着我，同时又有欲望的花香引诱我，设下一道深阔的河，然而却造下航渡的船筏；朋友们，谁能逃逸出这安排好的网儿？蠢材！低着头负上你肩荷的东西，走这万里途程吧，一点一点走着，当你息肩叹气时，隐隐的深林里有美妙

的歌声唤你：背后却有失望惆怅骑着快马追你！

朝霞照着你！晚虹也照着你！然而你一天一天走进墓门了。不是墓门，是你希望的万里途程，这缘途有高官厚禄娇妻美妾，名誉金钱幸福爱人。那里是个深远的幽谷，这端是生，那端便是死！这边是摇篮，那边便是棺材。我看见许多人对我骄傲的笑，同时也看见许多人向我凄哀的哭；我分辨不出他们的脸来，然而我只知道他们是同我走着一条道的朋友。我曾命令他们说：

"俘虏！你跪在我裙下！"

然而有时他们也用同样的命令说：

"进来吧！女人，这是你自己的家。"

这样互相骗着，有时弄态作腔的，时哭时笑，其实都是这套把戏，得意的笑，和失望的哭，本来是一个心的两面，距离并不遥远。

誓不两立的仇敌，戴上一个假面具时，马上可以握手言欢，作爱的朋友；爱的朋友，有时心里用箭用刀害你时，你却笑着忍受。看着别人杀头似乎是宰羊般有趣，当自己割破了指头流血时，心痛到全部的神经都颤战了！我不知道为了犯人才有监狱，还是有了监狱才有犯人；但是聪明的人们，都愿意自己造了圈套自己环绕；有宁死也愿意坐在监狱里，而不愿焚毁了监狱逃跑的。我良心常常在打骂我，因为我在小朋友面前曾骄傲我的宝藏，她们将小袋拉开给我看时，我却将我的大袋挂在高枝上。我欺骗了自己，我不管她，人生本来是自骗；然而几次欺骗了人，觉得隐隐有鬼神在嘲笑我！而且深夜里常觉有重锤压在我心上。其实这是我太聪明了，一样的有许多人正在那里骗我，一样有许多人也挂着大袋骄傲我？

我在睡了的地球上，徘徊着，黑暗的夜静悄悄包围了我。在这时候，我的思想落在纸上。鸡鸣了！人都醒了，我面前有一堆灰烬。

母亲！寄给你，我一夜燃成的灰烬！然而这灰烬上却建着我最后

的希望！

43．恐怖

● 石评梅

父亲的生命是秋深了。如一片黄叶系在树梢。十年，五年，三年以后，明天或许就在今晚都说不定。因之，无论大家怎样欢欣团聚的时候，一种可怕的暗影，或悄悄飞到我们眼前。就是父亲在喜欢时，也会忽然的感叹起来！尤其是我，脆弱的神经，有时想的很久远很恐怖。父亲在我家里是和平之神。假如他有一天离开人间，那我和母亲就沉沦在更深的苦痛中了。维持我今日家庭的绳索是父亲，绳索断了，那自然是一个莫测高深的陨坠了。

逆料多少年大家庭中压伏的积怨，总会爆发的。这爆发后毁灭一切的火星落下时，怕懦弱的母亲是不能逃免！我爱护她，自然受同样的创缚，处同样的命运是毋庸疑议了。那时人们一切的矫饰虚伪，都会褪落的；心底的刺也许就变成弦上的箭了。

多少隐恨说不出在心头。每年归来，深夜人静后，母亲在我枕畔偷偷流泪！我无力挽回她过去铸错的命运，只有精神上同受这无期的刑罚。有时我虽离开母亲，凄冷风雨之夜，灯残梦醒之时，耳中犹仿佛听见枕畔有母亲滴泪的声音。不过我还很欣慰父亲的健在，一切都能给她作防御的盾牌。

谈到父亲，七十多年的岁月，也是和我一样颠沛流离，忧患丛生，痛苦过于幸福。每次和我们谈到他少年事，总是残泪沾襟不忍重提。这是我的罪戾呵！不能用自己柔软的双手，替父亲抚摸去这苦痛的瘢痕。

我自然是萍踪浪迹，不易归来；但有时交通阻碍也从中作梗。这次回来后，父亲很想趁我在面前，预嘱他死后的诸事，不过每次都是泪眼模糊，断续不能尽其辞。有一次提到他墓穴的建修，愿意让我陪他去看看工程，我低头咽着泪答应了。

那天夜里，母亲派人将父亲的轿子预备好，我和曾任监工的族叔蔚文同着去，打算骑了姑母家的驴子。

翌晨十点钟出发：母亲和芬嫂都嘱咐我好好招呼着父亲，怕他见了自己的坟穴难过；我也不知该怎样安慰防备着，只觉心中感到万分惨痛。一路很艰险，经过都是些崎岖山径；同样是青青山色，潺潺流水，但每人心中都压抑着一种凄怆，虽然是旭日如烘，万象鲜明，而我只觉前途是笼罩一层神秘恐怖黑幕，这黑幕便是旅途的终点，父亲是一步一步走近这伟大无涯的黑幕了。

在一个高堃如削的山峰前停住，父亲的轿子落在平地。我慌忙下了驴子向前扶着，觉他身体有点颤抖，步履也很软弱，我让他坐在崖石上休息一会。这真是一个风景幽美的地方，后面是连亘不断的峰峦，前面是青翠一片麦田；山峰下隐约林中有炊烟，有鸡唱犬吠的声音。父亲指着说："那一带村庄是红叶沟，我的祖父隐居在这高塔的庙里，那庙叫华严寺，有一股温泉，流汇到这庙后的崖下。土人传说这泉水可以治眼病呢！我小时候随着祖父，在这里读书；已经有三十多年不来了，人事过的真快呵！不觉得我也这样老了。"父亲仰头叹息着。

蔚叔领导着进了那摩云参天的松林，苍绿阴森的荫影下，现出无数冢墓，矗立着倒斜着风雨剥蚀的断碣残碑。地上丛生了许多草花，红的黄的紫的夹杂着十分好看。蔚叔回转进一带白杨，我和父亲慢步徐行，阵阵风吹，声声蝉鸣，都显得惨淡空寂，静默如死。

蔚叔站住了，面前堆满了磨新的青石和沙屑，那旁边就是一个深

的洞穴，这就是将来掩埋父亲尸体的坟墓。我小心看着父亲，他神色显得异样惨淡，银须白发中，包掩着无限的伤痛。

一阵风吹起父亲的袍角，银须也缓缓飘拂到左襟；白杨树上叶子摩擦的声音，如幽咽泣诉，令人酸哽，这时他颤巍巍扶着我来到墓穴前站定。

父亲很仔细周详的在墓穴四周看了一遍，觉得很如意。蔚叔又和他筹划墓头的式样，他还能掩饰住悲痛说："外面的式样坚固些就成啦；不要太讲究了，靡费金钱。只要里面干燥光滑一点，棺木不受伤就可以了。"

回头又向我说：

"这些事情原不必要我自己做，不过你和璜哥，整年都在外面；我老了，无可讳言是快到坟墓去了。在家也无事，不愁穿，不愁吃，有时就愁到我最后的安置。棺木已扎好了，里子也裱漆完了。衣服呢我不愿意穿前清的遗服或现在的袍褂。我想走的时候穿一身道袍。璜哥已由汉口给我寄来了一套，鞋帽都有，哪天请母亲找出来你看看。我一生廉洁寒苦，不愿浪费，只求我心身安适就成了。都预备好后，省临时麻烦；不然你们如果因事忙因道阻不能回来时，不是要焦急吗？我愿能悄悄地走了，不要给你们灵魂上感到悲伤。生如寄，死如归，本不必认真呵！"

我低头不语，怕他难过，偷偷把泪咽下去。等蔚叔扶父亲上了轿后，我才取出手绢揩泪。

临去时我向松林群冢望了一眼，再来时怕已是一个梦醒后。

跪在洞穴前祷告上帝：愿以我青春火焰，燃烧父亲残弱的光辉！千万不要接引我的慈爱父亲来到这里呵！这是我第二次感到坟墓的残忍可怕，死是这样伟大的无情。

44. 凄其风雨夜

● 石评梅

已是小春天气，但为何却这般秋风秋雨？昨夜接读了贤的信，又增加我不少的烦闷。可怜我已是枯萎的残花了，偏还要受尽风雨的欺凌。

这几夜在雨声淅沥中，我是整夜的痛哭。伴我痛哭的是孤灯，看我痛哭的只有案头陈列着的宇的遗像。唉，我每想到宇时，就恨不立即死去！死去，完成我们生前所遗的。至少，我的魂儿可以伴着字的魂在月下徘徊，在花前笑语；我可以紧紧地握着他的手，我可以轻轻的吻他的唇。宇，世界上只有他才是我的忠诚的情人，只有他才是我的灵魂的保护者，当他的骨骸陈列在我眼前时我才认识了他，认识他是伟大的一个殉情的英雄！

而今，我觉得渺渺茫茫去依附谁？去乞求于谁？我不愿意受到任何人的哀怜，尤其不愿接受任何人的怜爱；我只想死，我想到自杀，就我自杀的时候，也要选个更深人静，万籁俱寂的辰光。

今天下午我冒雨去女师大看小鹿，在琴室里遇见玉薇，她说："梅！祝你的新生命如雨后嫩芽！"这是什么话呵？连她都这样不知我，可见在人间寻求个心的了解者是很难的事；不过，假如宇是为了了解我而死，那么，这死又是何等的悲惨？我也宁愿天下人都不了解我，我不愿天下人为了解而死。

红楼归来，心情十分黯淡，我展开纸，抹着泪给玉薇写这样一封短信——

玉薇：

我现在已是一个罩上黑纱的人了，我的一切都是黯淡的，都是死寂的；我富丽的生命，已经像彗星般逝去，只剩余下这将走进坟墓的皮囊，心灵是早已经埋葬了。

我的过去是隐痛，只可以让少数较为了解我的人知道。因为人间的同情是幻如水底月亮，自己的苦酒只好悄悄地咽下，却不必到人前去宣扬。

对于这人间我本来没有什么希望的，宇死后我更不敢在人间有所希望，我只祈求上帝容许我忏悔，忏悔着自己的过错一直到死时候，朋友，你相信我是不再向人们求爱怜与抚慰的，我要为死了的宇保存着他给我的创伤，决不再在人们面前透露我心琴的弹唱了。

近来我的心是一天比一天死寂，一天比一天空虚，一天比一天走进我的坟墓，快了，我快要到那荒寂的旷野里去伴我那殉情的宇！

"祝你的新生如而后嫩芽"的话，朋友，恕我不收受，还给你罢，如今我已是秋风秋而下救人践踏腐烂了的花瓣。

可怜的梅。

宇死去已是一月了，飞驰的时光割断人天是愈去愈远，上帝！请告诉我在何时何地再能见到宇。

45. 寄露沙

● 石评梅

你满挟着同情心的几句话，我看了后哭了！我的泪依然还不曾流完，仍然这样汹涌，这样泛滥；我真不解为了什么这样？是我懦弱的表示吗？我是最后战死的先锋，我总算牺牲了感情让意志去杀人的女魔，我何尝真的如一般女子那么懦弱呢？

造物小儿有意弄人，使我用那极神妙奇异的心之手去杀人，同时又使我迷惘怨愤陷于自杀；朋友！幸我素量宽；大，不然，经此次打击，能免于死，大概也难免于疯吧？陷入如斯命运之人，已不能拯救，而且不必拯救；你又何须为了我的颓丧而叹息呢？

往昔春花如锦的生涯，在我觉着是枯叶漂泊的命运；到如今真的到这种绝境时，我已无语能藉以比拟。才知道人间极苦痛的事是不能写不能道的。朋友！我将告诉你什么？

世界上是一条绳子系着的，我是紧缚在母亲绳上的一个小扣，我为母亲的绳子安全，我没有勇气去斩断而破坏一切的忍心；因之，我才感到生不愿而死不能的痛苦！宇的观念战胜了，我愿葬他埋他之后，我也飘然远去，不论沧海畔，深涧傍，都可以作我埋心葬骨之地。母亲的观念战胜了，又觉着以宇死后我感到的惨痛，而让我年高无依的老母去承受，我心何忍！如斯两相抵触，最后的胜利，朋友！我真不知如何判决了。

此身不死，即此心不死，此心不死，即此情更难死。从此风雨之夕，花前月下，常飘浮着我这凄清的瘦影；自然，我有时也要哽咽地

唱出那悲惨哀怨像夜莺一样的曲子；假如君宇有灵，这便是我的那颗心。

人生大概是不能脱离痛苦的，如此缠绵悲惨哀艳的痛苦，是千百人中，千年间难以遭逢的事。所以我当俯伏着向上帝手中接受了这样特别的礼赠，我无怨言，更无怒容。

现在这种悼亡追悔的心情，是爱我的人最后留给我的纪念。因之，我要赞美珍贵我今日所觉到的一切异感，和我将来一切的觉悟。相信这是爱我的人由他最可爱的手递给我的。那么，朋友！你又何须为我而倍增凄伤呢？

46. 葡萄架下的回忆

● 石评梅

生命之波，滔滔地去了，禁不住的还想，深沉的回忆。但有时他那深印脑海的浪花，却具着惹人不忘的魅力。在这生命中之一片碎锦，是应当永志的。一刹那，捉不住的秋又吉了，但是不灭的回忆依然存在。

窗外的杨柳，很懊恼的垂着头，沉思她可怜的身世。那一缕缕的微笑，从瑟瑟的风浪中传出。在淡泊的阳光下，照出那袅娜的姿态，飘荡的影子，她对于这悲愁的秋望可象有无限的怨望！有时窗上的白纬纱，起伏飘荡的被风吹着，慢慢地挂在帐角上，但是一刹时，被一阵大风仍就把他吹下来，拖在地板上。在沉寂中，观察一个极细微的事物，都含着有无限的妙理，宇宙的奥藏，都在这一点吗？

那时候我很疲倦的睡在床上，想借着这时候休息一下，因为我在路上，已经两夜失眠了；但是疲倦的神，还是不屈不挠的，反把睡天使驱出关外，更睡不着了！虽然拢上眼睛，但是那无限的思潮，又在魔海中萦绕……莫奈何，只好把眼睛睁开，望望那窗外的杨柳和碧蓝的天，聊寄我的余思。这时候想不到我的朋友梅影君来访我！不但是沉闷中的安慰，并且是久别后的乍逢。晤面后那愉快的意线从各人的心房中射出，在凝眸微笑中，满溢着无限的温情。

　　我记得那是极温和的天气，淡淡的斜阳，射在苍黄的地毯上；我们坐在窗旁的椅上，谈别后的情况，她还告诉我许多令我永久记忆的事……不过我们未见面时所预备的话，都想不起；反而相对默然。后来首问我暑假中家居的成绩，可惜我所消磨岁月的，就是望着行云送夕阳。除过猛烈的刺激，深刻的回忆……高兴时随便写几句诗外，实在莫有可称述的一样成绩，不过梅影她定要我念几首给她听，后来我扭不过她的要求，想起一首《紫罗兰》来——因为她是殉了《商报》的纪念物，算是一种滑稽的记忆。我读给她的诗是——

当她从我面前低着头，匆匆走过去的时候，

她的心弦鼓荡着我的心弦，

牵引着我的足踵儿，

到了紫罗兰的面前。

花上的蝶儿，猛吃一惊，嗔人扰她甜蜜的睡眠；

但是花儿很愉快的舞蹈着，

展开她一摺一摺的笑靥。

我想她心腔中，怀着什么疑团？

脑海里荡漾着什么波澜？

但是她准痴立着笑而不答！

当我无意中又遇着她的时候，

看她手里拿着鲜烂的花球，

衬着她玫瑰似的颊儿，乌云般的发儿，

水漾漾漆黑的眼球儿，满溢着无穷的话头。

鸟儿的音韵好像她抑扬的歌声；

花儿的丰姿，不知她自然活泼的娉婷。当我慢慢的从紫

罗兰的旁边离开她，

现着一点笑，

隐着一点愁。

她半喜半怨的倚着那紫罗兰不动。

人的痴心呵！

她恐怕旁人摘她的花。

朋友呵！

假如你脑海里镌深了她，

你随时能发现一朵灿烂的花，

又何必怕旁人摘她？

车轮和我的心轮一样，相扭着旋转；

我的心却在紫罗兰前。

小鸟笑着说：

"朋友呵！

沉寂里耐着点吧！

不要把血和泪，

染在花瓣上，

使她永镌着心痛；

忘不了你的怅惘沉闷！

我轻轻地读着，她静静地听。我知道她受了很深刻的刺激。她说：

153

"朋友啊！你干吗！向着深思之渊中求空幻的生活。愉快之波是生命流中的浪花，你不要把她忽略，把光阴匆匆地过去。你就是绞尽脑汁，破碎心血，你向人间曾否找到一点真诚的慰藉？你看清新高爽的野外那伟大自然界，都要待我们去赏玩她，涵化她。天空中的云霞，野外的锦绣都是自然魂灵的住所。她们都含着笑，仰着头，盼我们去伴他。人生一瞥，当及时行乐。虽然处的是寂寞沉闷的生活中，但是大地团团，又何处非乐土呢？你的思想，比我狭闷的多，这种理想，只好自然界去融化你。去年我读你的《亡魂》一篇，我那时很危险你的理想不觉悟，后来我接你的信，知道你近来是有些觉悟。不过恐怕是一时的冲动，不仅又要消灭了……"我听了她这番忠告，非常的感激，我的思想虽然是环境造成的，但是环境又是谁来造成的？可是懦弱的青年，只有软化在恶环境的淫威下呻吟；就是不然，也只好满腹牢骚，亢喉高唱罢了。在虚伪冷淡的社会里，谁人肯将他心上的一滴热血付与人！可知道在充满着灰尘的世界上，愉快都是狡黠的笑声，所以我宁愿多接触一点浑厚温和的自然界：安慰这枯燥的生活，我不愿随风徽愿，在那满戴假面具的人群里讨无趣！梅影知我最深，她因我握别北京有二月余，水榭赏荷已为逝波。篱畔访菊，又当盛秋：于是她就提议要到城南公园一睹园林秋色。那时我很愉快的允许，遂去准备我们的行进，当我坐着车出宣武门的时候，各种的车和扰扰攘攘的行人，除了汽车内坐着很安详舒适的阔佬们外，他们面上都现着恐惧的神气！因为路窄人多，呜呜！前面汽车迎头来，呜呜！后面的汽车，又电驰般的追来了！他们的恐惧：都是怕卧在汽车下，把一生劳碌的梦惊醒来了，或者对于他们生命历程上发生的阻碍，有点觉悟。虽然这样说，但我过那门时，我觉悟了一生的开幕材料，无非是取给于这一刹那的小把对台上的反映罢了。离公园门有十余步的距离，有一个兵，在石阶上，走来走去，他故意踏重他的皮靴表示他很赳昂的样子。他的职

务是守卫而兼着收票。每当我来这儿购票的时候，他准表示他认识我是常游者的态度，并且我进了公园的时候，他准微笑着，低头踏着他皮靴上的泥尘，我看他是一个诚恳的服务者。

我进了园门后，觉着眼前出现一幅极美丽的景象。我们沿着草径走，极微细的足音，往往惊起草虫的鸣声，和蝴蝶的飞舞。那时斜阳挂在林外，碧蓝的天上，罩满了锦绣的云霞。我们慢慢地走着，领悟这人生一瞥中的愉快！自然呵！你具有了这种伟大的势力，为什么不把污浊的人心洗清，恶劣的世俗扫净。

绿荫如幕，覆在一角红墙下，分明的鲜艳。我们走过的时候，那树上的叶子，都瑟瑟地低声微语，地下的柔苔苍绿，杂着红霉的叶儿铺着，我想起那春天的红花在树上摇曳着，弄姿撒娇的样子，知道是做了一场春梦呵！我们游到葡萄架下，停止我们的行进，作个暂时的休息。我们踱过了短桥！那桥下的水是尽其所能的灌园灌艺用的！发源是从井里吸上来的。虽然人工的小河，但流在这种静雅清净的福地，也别有风味，不致埋没他的本质。我们进了葡萄架下，一种清香沁骨，令人神醉。这时候，一个茶役上来招呼，他的态度，完全是一个纯洁的园丁——农夫。他来应酬客人也觉着许多天真态度，因为他莫有带着平常茶役的假面具。

当时我们坐在架下的角上，上边有绿色的天然葡萄叶，密布着作了天棚，倒缀着许多滴露的葡萄，真令人液涎。从叶缝里能看见一线碧蓝的天纹，下边铺着一层碧苍青苔，踏下去软软的，做了天然地毯。一阵风过处，往往落些小叶，在我的襟上。我极力的镇定着我搏动的热血和呼吸，领受这一瞥中的愉快。现在青年人的幸福，也仅仅是这一途了。那时我回头看梅影，望着小桥下流水发呆！从我旁观者的观察和猜度知道她觉悟了人生观的大梦，到终久是要醒的。但是在这嚣杂烦扰的社会里，很难窥透着这一点。往往愈人愈迷，愈迷愈有味

155

……虚荣的名利，驱使人牺牲了天良，摧残了个性，劳碌着把自己的躯壳作成个机械去适应社会——环境，并且要自相残杀肃血漂橹。到那白杨萧萧杜鹃哀啼荒茫苍凉中都一样的藏身在一抔黄土之下。回忆起来，不过在人生途中，做了一个罪恶和不觉悟的牺牲！人各有志，梅影虽然雄志赳昂，要做一番惊天动地的大事业出来，为她生命中的光彩，发展她平生的抱负和雄才。不过她是借以消磨那有生命的光阴。她有时为自然界的美一接触时，未尝不觉得是虚幻。我们是不能默默地讨论，宇宙间深奥神妙……往夕思绪飘然，灵魂要飞出去时，草上的小虫，夕阳下树上的秋蝉唧唧声把我们已飞的神思捕来！梅影一回顾，见我也立在她后面发呆，不禁得噗嗤的一笑，反把我吓了一跳。我们遂抛了那沉思的生活，转出了葡萄架后面见那一块广田分畦，种的各种蔬菜，夹杂的些野花，但却带着点憔悴的色彩，因为经了秋的缘故。有三五农夫似的园丁，蹲在那绿畦里，栽培蔬菜。他见那绿叶的大瓜，面上发出极愉快的微笑。他很乐意把全副的精神，都注在那茂盛实力的收获上。所以他很（热）诚地保护着她。

我们很不愿意离开这深刻缁衣的葡萄架下，但无情的光阴板着脸又赶着我们度黄昏黑暗的生活了。一刹那间的安慰，又匆匆地过去了，那时夕阳残霞照在一片昏黄的草地上，幻出各样的色彩，他也要着未别我们之先，发挥尽他的爱和光——因为他要去了。那黑暗的魔障逼来了！哦！葡萄架下的回忆也完了。我回忆时的时况，这回要叫人忆了……人生的波，匆匆去了。一点一点的浪花都织在脑海的波澜纹里了。一幕一幕不尽何时回忆了啊？

47. 春之波

● 石评梅

春之波在爱之河荡漾着，人类的宝贵者，他乘着光阴的船驶行了；只留下碧蓝的幕上，镌着一轮皓月，照着那梨花树叶———一缕缕含着蕙风的颤动。她跪在那清净寂寞的天心下，倾她心里所有的，贡献于上帝。她祈祷那汹涌澎湃的怒浪巨波，不要覆了她幸福船！

白绫船的泉水，滚着浪花，由山崖冲出的时候，他不回顾那亲爱的川渊，只带着他洁净的本质，悠悠地去了，沉闷的诗人啊，把伊郁结的心血，都化作了泪泉———一滴滴的从眼腔内滚到那清冷的泉心，泉心振动了，皱着眉头说："这是人类苦痛的余沥，我愿意拿欢乐之泉洗净他。"

一片一片红花瓣，辞了她亲爱的枝柯，落在地上的时候，她心里很舒服逍遥底随着风儿飘荡，任那水去浮沉；她不希望铜囊收艳骨，涛笺弟孤魂！花开花落，她一任天公。但沉闷的诗人啊！从他心灵中搏动的余韵，知道他能安落花之魂吗？牡丹啊！你艳红的腮儿上，沾了谁的泪痕？当她驻了足，拿心灵的碎片，要问她的时，他的泪又洒在伊的腮上。

48. 西山情思

● 陆小曼

这一回去得真不冤，说不尽的好，等我一件件的来告诉你。我们这几天虽然没有亲近，可是没有一天我不想你的，在山中每天晚上想写，可只恨没有将你带去，其实带去也不妨，她们都是老早上了床，只有我一个睡不着呆坐着，若是带了你去不是我每天可以亲近你吗？我的日记呀，今天我拿起你来心里不知有多少欢喜，恨不能将我要说的话像机器似的倒出来，急得我反不知从哪里说起了。

那天我们一群人到西山脚下改坐轿子上大觉寺，一连十几个轿子一条蛇似的游着上去，山路很难走，坐在轿上滚来滚去像坐在海船上遇着大风一样摇摆，我是平生第一次坐，差一点把我滚了出来。走了3里多路快到寺前，只见一片片的白山，白得好象才下过雪一般，山石树木一样都看不清，从山脚到山顶满都是白，我心里奇怪极了。这分明是暖和的春天，身上还穿着夹衣，微风一阵阵吹着入夏的暖气，为什么眼前会有雪山涌出呢？打不破这个疑团我只得回头问那抬轿的轿夫"唉！你们这儿山上的雪，怎么到现在还不化呢？"那轿夫跑得面头流着汗，听了我的话他们好象奇怪似的一面擦汗一面问我，"大姑娘，你说什么？今年的冬天比哪年都热，山上压根儿就没有下过雪，你哪儿瞧见有雪呀？"他们一边说着便四下里乱寻，脸上都现出了惊奇的样子。那时我真急了，不由的就叫着说，"你们看那边满山雪白的不是雪是什么？"我话还没有说完，他们倒都狂笑起来了。"真是城里姑娘不出门！连杏花都不认识，倒说是雪，你想五六月里哪儿来的雪呢?"什么！杏花儿！我简直叫他们给笑呆了。顾不得他们笑，我只乐得恨不能跳出轿子，一口气跑上山去看一个明白。天下真有这种奇景吗？乐极了也忘记我的身子是坐在轿子里呢，伸长脖子直往前看，急得抬轿的人叫起来了，"姑娘，快不要动呀，轿子要翻了"，一连几晃，几乎把我抛进小涧去。这一下才吓回了我的魂，只好老老实实地坐着再也不敢动了。

上山也没有路，大家只是一脚脚的从这块石头跳到那一块石头上，不要说轿夫不敢斜一斜眼睛，就是我们坐桥的人都连气也不敢喘，两只手使劲拉着轿杠儿、两个眼死盯着轿夫的两只脚，只怕他们失脚滑下山涧去。那时候大家只顾着自己性命的出入，眼前不易得的美景连斜都不去斜一眼了。

走过一个山顶才到了平地，一条又小又弯的路带着我们走进大觉寺的脚下。两旁全是杏树林，一直到山顶，除了一条羊肠小路只容得一个人行走以外，简直满都是树。这时候正是5月里杏花盛开的时候，所以远看去简直像一座雪山，走近来才看得出一朵朵的花，坠得树枝都看不出了。我们在树阴里慢慢地往上走，鼻子里微风吹来阵阵的花香，别有一种说不出的甜味。摩，我再也想不到人间还有这样美的地方，恐怕神仙住的地方也不过如此了。我那时乐得连路都不会走了，左一转右一转，四围不见别的，只是花。回头看见跟在后面的人，慢慢在那儿往上走，只像都在梦里似的，我自己也觉得我已经不是一个人了。这样的所在简直不配我们这样的浊物来，你看那一片雪白的花，白得一尘不染，哪有半点人间的污气？我一口气跑上了山顶，站在一块最高的石峰，定一定神往下一看，呀，摩！你知道我看见了什么？咳，只恨我这支笔没有力量来描写那时我眼底所见的奇景！真美！从上往下斜着下去只见一片白，对面山坡上照过来的斜阳，更使它无限的鲜丽，那时我恨不能将我的全身压下去，到花间去打一个滚，可是

又恐怕我压坏了粉嫩的花瓣儿。在山脚下又看见一片碧绿的草，几间茅屋，三两声狗吠声，一个田家的景象，满都现在我的眼前，荡漾着无限的温柔。这一忽儿我忘记了自己，丢掉了一切的烦恼，喘着一口大气，拼命想将那鲜甜味儿吸进我的身体，洗去我五腑内的浊气，重新变一个人，我愿意丢弃一切，永远躲在这个地方，不要再去尘世间见人。真的，摩，那时我连你都忘了，一个人呆在那儿不是他们叫我我还不醒呢！

　　一天的劳乏，到了晚上，大家都睡得正浓，我因为想着你不能安睡，窗外的明月又在纱窗上映着逗我，便一个人走到院子里去，只见一片白色，照得梧桐树的叶子在地下来回的飘动。这时候我也不怕朝露里受寒，也不管夜风吹得身上发抖，一直跑出了庙门，一群小雀儿让我吓得一起就向林子里飞，我睁开眼睛一看，原来庙前就是一大片杏树林子。这时候我鼻子里闻着一阵芳香，不像玫瑰，不像白兰，只薰得我好象酒醉一般。慢慢我不觉耽不下来，一条腿软得站都站不住了。晕沉沉的耳边送过来清呖呖的夜莺声，好似唱着歌，在嘲笑我孤单的形影；醉人的花香，轻含着鲜洁的清气，又阵阵的送进我的鼻管。忽隐忽现的月华，在云隙里探出头来从雪白的花瓣里偷看着我，好象笑我为什么不带着爱人来。这恼人的春色，更引起我想你的真挚，逗得我阵阵心酸，不由得就睡在蔓草上，闭着眼轻轻地叫着你的名字（你听见没有？）。我似梦非梦的睡了也不知有多久，心里只是想着你——忽然好象听得你那活泼的笑声，像珠子似的在我耳边滚，"曼，我来，"又觉得你那伟大的手，紧紧握着我的手往嘴边送，又好象你那顽皮的笑脸，偷偷的偎到我的颊边送了一个吻去。这一下我吓得连气都不敢喘，难道你真回来了么？急急的睁眼一看，哪有你半点影子？身旁一无所有，再低头一看，原来才发现，自己的右手不知在什么时候握住了我的左手，身上多了几朵落花，花瓣儿飘在我的颊边好似你

在偷吻似的。真可笑！迷梦的幻影竟当了真，自己便不觉无味得很，站起来，只好把花枝儿泄气，用力一拉，花瓣儿纷纷落地，打得我一身；林内的宿鸟以为起了狂风，一声叫就往四处乱飞。一个美丽的宁静的月夜叫我一阵无味的恼怒给破坏了。我心里也再不要看眼前的美景，一边走一边想着。你，为什么不留下你，为什么让你走。

49. 感情的碎片

◉ 萧　红

近来觉得眼泪常常充满着眼睛，热的，它们常常会使我的眼圈发烧。然而它们一次也没有滚落下来。有时候它们站到了眼毛的尖端，闪耀着玻璃似的液体，每每在镜子里面看到。

一看到这样的眼睛，又好像回到了母亲死的时候。母亲并不十分爱我，但也总算是母亲。她病了三天了，是七月的末梢，许多医生来过了，他们骑着白马，坐着三轮车，但那最高的一个，他用银针在母亲的腿上刺了一下，他说：

"血流则生，不流则亡。"

我确确实实看到那针孔是没有流血，只是母亲的腿上凭空多了一个黑点。医生和别人都退了出去，他们在堂屋里议论着。我背向了母亲，我不再看她腿上的黑点。我站着。

"母亲就要没有了吗？"我想。

大概就是她极短的清醒的时候：

"……你哭了吗？不怕，妈死不了！"

我垂下头去，扯住了衣襟，母亲也哭了。

而后我站到房后摆着花盆的木架旁边去。我从衣袋取出母亲买给我的小洋刀。

"小洋刀丢了就从此没有了吧?"于是眼泪又来了。

花盆里的金百合映着我的眼睛,小洋刀的闪光映着我的眼睛。眼泪就再没有流落下来,然而那是热的,是发炎的。但是那是孩子的时候。

而今则不应该了。

50. 永久的憧憬和追求

◉ 萧　红

1911 年,在一个小县城里边,我生在一个小地主的家里。那县城差不多就是中国的最东最北部——黑龙江省——所以一年之中,倒有四个月飘着白雪。

父亲常常为着贪婪而失掉了人性。他对待仆人,对待自己的儿女,以及对待我的祖父都是同样的吝啬而疏远,甚至于无情。

有一次,为着房客租金的事情,父亲把房客的全套的马车赶了过来。房客的家属们哭着诉说着,向我的祖父跪了下来,于是祖父把两匹棕色的马从车上解下来还了回去。

为着两匹马,父亲向祖父起着终夜的争吵。"两匹马,咱们是算不了什么的,穷人,这两匹马就是命根。"祖父这样说着,而父亲还是争吵。

九岁时,母亲死去。父亲也就更变了样,偶然打碎了一只杯子,他就要骂到使人发抖的程度。后来就连父亲的眼睛也转了弯,每从他

的身边经过，我就像自己的身上生了针刺一样；他斜视着你，他那高傲的眼光从鼻梁经过嘴角而后往下流着。

所以每每在大雪中的黄昏里，围着暖炉；围着祖父，听着祖父读着诗篇，看着祖父读着诗篇时微红的嘴唇。

父亲打了我的时候，我就在祖父的房里，一直向着窗子，从黄昏到深夜——窗外的白雪，好像白棉一样飘着；而暖炉上水壶的盖子，则像伴奏的乐器似的振动着。

祖父时时把多纹的两手放在我的肩上，而后又放在我的头上，我的耳边便响着这样的声音：

"快快长吧！长大就好了。"

20岁那年，我就逃出了父亲的家庭，直到现在还是过着流浪的生活。

"长大"是"长大"了，而没有"好"。

可是从祖父那里，知道了人生除掉了冰冷和憎恶而外，还有温暖和爱。

所以我就向这"温暖"和"爱"的方面，怀着永久的憧憬和追求。

51. 享受

◉ 康 德

平复一切痛苦最容易、最彻底的办法是，人们也许可以使一个有理性的人想到这样一个念头：一般说来，如果生命只用于享受幸运机会的话，那么它是完全没有任何价值的，只有生命被用来指向某个目的时才有价值。运气是不能带来这种价值的，只有智慧才能为人创造它，因而是他力所能及的。生活永远不快乐的人，就是那些担心价值损失而忧心忡忡者。

年轻人！我希望你能放弃关于娱乐、饮宴、爱情等等的满足，就算不是出于禁欲主义的意图，而是出于高尚的享乐主义要在将来得到不断增长的享受。这种生活情致上的节省，实际上会使你更富有，所以就算你在生命的尽头，亦不要放弃这种对欲望的节省。把享受控制在你手中这种意识，正如所有理想的东西一样，要比所有通过一下子耗尽自身因而放弃整个总体来满足感官的东西要更加有益，更加广博。

鉴赏力与过度豪华的享受是相违背的，于是在社交公共活动中，便有了奢侈的说法。但这种过度豪华如果没有鉴赏性，就是公开的放纵。现在让我们来讨论一下关于享受的两种不同结果。奢侈就是一种对生活资源的严重浪费，它会导致贫穷；放纵却影响了人的身体健康，它会导致死亡。后者则是一味地享受，最终自食其果。两者所俱的表面性光彩却比自身的享乐性更多。前者是为了理想的鉴赏力而精心考究，比如在舞会上和剧场里，后者是为了口味和感官上的丰富多彩。用反浪费法对这两者加以限制，这是毋庸置疑的。然而，用来部分地软化人民以便能更好地统治的美的艺术，却会由于简单粗暴的干预而产生与政府的意图相违背的效果。

好的生活方式是与社会活动相适应的。显而易见，好的生活方式会受到奢侈损害，而有钱人或上等人却常常说："我懂得生活！"这一说法意味着在社会享受中，他目光远大，为了使享受从两方面得到增益，他带着有节制的、清醒的头脑精明地做出选择。

52. 春意挂上了树梢

● 萧 红

三月花还没有开，人们嗅不到花香，只是马路上融化了积雪的泥泞干起来。天空打起朦胧的多有春意的云彩；暖风和轻纱一般浮动在街道上，院子里。春末了，关外的人们才知道春来。春是来了，街头的白杨树蹿着芽，拖马车的马冒着气，马车夫们的大毡靴也不见了，行人道上外国女人的脚又从长筒套鞋里显现出来。笑声，见面打招呼声，又复活在行人道上。商店为着快快地传播春天的感觉，橱窗里的花已经开了，草也绿了，那是布置着公园的夏景。我看得很凝神的时候，有人撞了我一下，是汪林，她也戴着那样小沿的帽子。

"天真暖啦！走路都有点热。"

看着她转过"商市街"，我们才来到另一家店铺，并不是买什么，只是看看，同时晒晒太阳。这样好的行人道，有树，也有椅子，坐在椅子上，把眼睛闭起，一切春的梦，春的谜，春的暖力……这一切把自己完全陷进去。听着，听着吧！春在歌唱……

"大爷，大奶奶……帮帮吧！……"这是什么歌呢，从背后来的？这不是春天的歌吧！

那个叫花子嘴里吃着个烂梨，一条腿和一只脚肿得把另一只显得好像不存在似的。"我的腿冻坏啦！大爷，帮帮吧！唉唉……"

有谁还记得冬天？阳光这样暖了！街树蹿着芽！

手风琴在隔道唱起来，这也不是春天的调，只要一看那个瞎人为着拉琴而扭歪的头，就觉得很残忍。瞎人他摸不到春天，他没有。坏

了腿的人，他走不到春天，他有腿也等于无腿。

世界上这一些不幸的人，存在着也等于不存在，倒不如赶早把他们消灭掉，免得在春天他们会唱这样难听的歌。

汪林在院心吸着一支烟卷，她又换一套衣裳。那是淡绿色的，和树枝发出的芽一样的颜色。她腋下夹着一封信，看见我们，赶忙把信送进衣袋去。

"大概又是情书吧！"郎华随便说着玩笑话。

她跑进屋去了。香烟的烟缕在门外打了一下旋卷才消灭。

夜，春夜，中央大街充满了音乐的夜。流浪人的音乐，日本舞场的音乐，外国饭店的音乐……七点钟以后。中央大街的中段，在一条横口，那个很响的扩音机哇哇地叫起来，这歌声差不多响彻全街。若站在商店的玻璃窗前，会疑心是从玻璃发着震响。一条完全在风雪里寂寞的大街，今天第一次又号叫起来。

外国人！绅士样的，流氓样的，老婆子，少女们，跑了满街……有的连起人排来封闭住商店的窗子，但这只限于年轻人。也有的同唱机一样唱起来，但这也只限于年轻人。这好像特有的年轻人的集会。他们和姑娘们一道说笑，和姑娘们连起排来走。中国人混在这些卷发人中间，少得只有七分之一，或八分之一。但是汪林在其中，我们又遇到她。她和另一个也和她同样打扮漂亮的、白脸的女人同走……卷发的人用俄国话说她漂亮。她也用俄国话和他们笑了一阵。

中央大街的南端，人渐渐稀疏了。

墙根，转角，都发现着哀哭，老头子，孩子，母亲们……哀哭着的是永久被人间遗弃的人们！那边，还望得见那边快乐的人群。还听得见那边快乐的声音。

三月，花还没有，人们嗅不到花香。

夜的街，树枝上嫩绿的芽子看不见，是冬天吧？是秋天吧？但快

乐的人们，不问四季总是快乐；哀哭的人们，不问四秀也总是哀哭！

（作为"随笔三篇"之一首刊于1936年5月上海《中学生》第65号）

53. 最初的悲痛

◉ 泰戈尔

过去的一条林荫道，今天已长满了芳草。

在这个无人之地，有人突然从背后说道："你认不出我了吧？"

我转过身来，望着她的脸，说道："我还记得，不过无法确切地叫出你的名字。"

她说道："我是你那个很久以前的、那个二十五岁时的悲痛。"

她的眼角里闪耀着晶莹的光泽，宛如平湖中的一轮明月。

我木然地立着。我说："从前，我看你就像斯拉万月的云朵，而今天你倒像阿斯温月的金色雕像。难道说你把昔日的所有眼泪都丢弃了么？"

她什么也没有讲，只是微笑着。我明白，一切都蕴含在那微笑里，雨季的云朵学会了秋季赛福莉花的微笑。

我问道："我那二十五年的青春，莫非至今还保存在你的身边？"

她回答说："你看我颈子上的这挂项链，不就是么。"

我看到，那昔日春天的花环，一片花瓣也没有凋落。

于是我说："我的一切都已衰老，可是悬挂在你颈子上的我那十五年的青春至今都没有枯萎。"

她慢慢地摘下那个花环，把它戴在我的颈子上，说：

"还记得么？那时候你说过，你不要安慰，你只要悲痛。"

我羞愧地说："我说过。可是，后来又过了许多岁月，然后不知何时又把它忘却。"

她说道："心灵的主宰者是不会把它忘却的。我至今仍然隐坐在树荫下。你应当崇敬我。"

我把她的手放在我的手上，说："我难道就是你的动人的形象么？"

她回答说："过去的悲痛，今天已经变成安乐。"

54. 被拨弄的生活

◉ 泰戈尔

下午我坐在码头最后一级石阶上，碧澄的河水漫过我的赤足，潺潺逝去。

多年生活的残羹剩饭狼藉的餐厅远远落在后面。

记得消费安排常常欠妥。手头有钱的时光，市场上生意萧条，货船泊在河边，散集的钟声可恶地敲响。

早到的春晓唤醒了杜鹃。那天调理好琴弦，我弹起一支歌曲。

我的听众已梳妆停当，桔黄的纱丽边缘掖在胸前。

那是炎热的下午，乐曲分外倦乏、凄婉。

灰白的光照出现了黑色锈斑。停奏的歌曲像熄灯的小舟，沉没在一个人的心底，勾起一声叹息，灯再没点亮。

为此我并不悔恨。

饥饿的离愁的黑洞里，日夜流出激越的乐曲之泉。阳光下它舞蹈的广袖里，嬉戏着七色光带。

淙淙流淌的碧清的泉水，融和子夜诵读的音律。

从我灼热的正午的虚空，传来古典的低语。

今日我说被拨弄的生活富有成果——盛放死亡的供品的器皿里，凝积的痛楚已经挥发，它的奖赏置于光阴的祭坛上。

人在生活旅途上跋涉，是为寻找自己。歌手在我心里闪现，奉献心灵的尚未露面。

我望见绿荫中，我隐藏的形象，似山脚下微波不漾的一泓碧水。

暮春池畔的鲜花凋败，孩童漂放纸船，少女用陶罐汩汩地汲水。

新雨滋润的绿原庄重、广袤、荣耀，胸前簇拥活泼的游伴。

年初的飓风猛扇巨翅，如镜的水面不安地翻腾，烦躁地撞击环围的宁谧——兴许它蓦然省悟：从山巅疯狂飞落的瀑布已在山底哑默的水中屈服——囚徒忘掉了以往的豪放——跃过山岩，冲出自身的界限，在歧路被未知轰击得懵头懵脑，不再倾吐压抑的心声，不再急旋甩抛隐私。

我衰弱、憔悴，对从死亡的捆绑中夺回生命的叱咤风云的人物一无所知，头顶着糊涂的坏名声踽踽独行。

在险象环生的彼岸，知识的赐予者在黑暗中等待；太阳升起的路上，耸入云际的人的牢狱，高昂着黑石砌成的暴虐的尖顶；一个个世纪用受伤的剧痛的拳头，在牢门上留下血红的叛逆的印记；历史的主宰拥有的珍奇，被盗藏在魔鬼的钢铁城堡里。

长顺荡着神王的呼吁："起来，战胜死亡者!"

擂响了鼓皮，但安分的无所作为的生活中，未苏醒搏杀的犷悍；协助天神的战斗中，我未能突破鹿砦占领阵地。

在梦中听见战鼓咚咚，奋进的战士的脚下火把的震颤，从外面传来，溶入我的心律。

169

世世代代的毁灭的战场上，在焚尸场巡回进行创造的人的光环，在我的心幕上黯淡了下来。我谨向征服人心、以牺牲的代价和痛苦的光华建造人间天堂的英雄躬身施礼！

55. 大地震颤溶入我的心律

◉ 泰戈尔

下午我坐在码头最后一级石阶上，碧澄的河水浸过我的赤足，潺潺道去。

多年生活的残羹剩饭狼藉的餐厅远远落在后面。

记得消费安排常常欠妥。手头有钱的时光，市场上生意萧条，货船泊在河边，散集的钟声可恶地敲响。

我的听众已梳妆停当，橘黄的纱巾边缘掖在胸前。

那是炎热的下午，乐曲分外倦乏、凄婉。

灰白的光照出现了黑色锈斑。停奏的歌曲像熄灯的小舟，沉没在一个人的心底，勾起一声叹息，灯再没点亮。

为此我并不悔恨。

饥饿的离愁的黑洞里，日夜流出激越的乐曲之泉。阳光下它舞蹈的广袖里，嬉戏着七色光带。

淙淙流淌的碧清的泉水，融和子夜诵读的音律。

从我灼热的正午的虚空，传来古典的低语。

今日我说被拨弄的生活富有的成果——盛死亡的供品的器皿里，凝积的痛楚已经挥发，它的奖赏置于光阴的祭坛上。

人在生活旅途上跋涉，是为寻找自己。

歌手在我心里闪现，奉献心灵的尚未露面。

我望见绿阴中，我隐藏的形象，似山脚下微波不漾的一泓碧水。

暮春池畔的鲜花凋败，孩童漂放纸船，少女用陶罐汩汩地汲水。

新雨滋润的绿原庄重、广袤、荣耀，胸前簇拥活泼的游伴。

年初的飓风猛扇巨翅，如镜的水面不安地翻腾，烦躁地撞击环围的宁谧——兴许它蓦然省悟：从山巅疯狂飞落的瀑布已在山底哑默的水中屈服——囚徒忘掉了以往的豪放——跃过岩，冲出自身的界限，在歧路被未知轰击得懵头懵脑，不再倾吐压抑的心声，不再急甩抛隐私。

我衰弱、憔悴，对从死亡的捆绑中夺回生命的叱咤风云的人物一无所知，头顶着糊涂的坏名声踽踽独行。

在险象环生的彼岸，知识的赐予者在黑暗中等待；太阳升起的路上，耸入云际的人的牢狱，高昂着黑石砌成的暴虐的尖顶；一个个世纪用受伤的剧痛的拳头，在牢门上留下血红的叛逆的印记；历史的主宰拥有的珍奇，被盗藏在魔鬼的钢铁城堡里。

常顺荡着神王的呼吁："起来，战胜死亡者！"

擂响了鼓皮，但安分的无所作为的生活中，未苏醒博杀的犷悍；协助天神的战斗中，我未能突破鹿砦占领阵地。

在梦中听见战鼓咚咚，奋进的战士的脚下火把的震颤，从外面传来，溶入我的心律。

世世代代的毁灭的战场上，在焚尸场巡回进行创造的人的光环，在我的心幕上黯淡了下来；我谨向征服人心、以牺牲的代价和痛苦的光华建造人间天堂的英雄躬身施礼！

56. 爱情的痛

◉ 叔本华

恋爱之中，痛苦是常有的事，被拒绝便是一种痛苦，恋人之间的冷淡也会给对方造成痛苦。然而这都是恋爱中常见的事。从古迄今，因恋爱冲动未得到满足，脚上像拖着沉重的铁块，在人生旅途上踽踽独行，在寂寥的森林中长吁短叹的大有人在。

恋爱中有爱也有憎，而且二者常常混淆在一起，这实在很有趣。爱与憎是完全相反的两个对立面，它们同时存在于恋爱这一行为的统一体之中，爱中有憎，而憎中又有爱。因为在恋爱中人已被一种本能的冲动所控制，既不理会一些道理，又无视周围的事物，只知道追求自己的爱，并沉浸于爱情的迷惘中。它是恋爱激情的基础，以迷惘为基础的激情使人误以为本来只对种族有价值的事也有利于个人，但这种幻想在种族目的达成之后，随即消失无踪。这时，如回首思忖一下，才豁然发现这么长时间费尽心力所得到的只有性的满足，仅此而已。个体并不比以前幸福，人们对此不免感到惊愕，并且感悟到原来是受了种族意志的欺骗。男人成为现实的俘虏，女人则成为幻想的主人。

为种族而进行并受种族意志所支配的恋爱是求生意志的表现，是人自身具有的本能情歌的具体形式。在这一观念支配下的关系只能是低级的婚姻关系，绝不是真正的爱，当然也谈不上激情，故而或许也产生"憎"，爱与憎是矛盾的统一，爱多于憎还能维持现状，憎多于爱那分手只是时间问题。

应当承认，世上固然有因爱成婚的爱情典范，但因婚而憎也并不

在少数。男女之间不恨不爱的几乎没有，爱情是摒弃中庸之道的。互相怨恨与憎恶是一支引而不发的箭，在痛苦中煎熬，在忍受中苟活。已无能力占有的仍想占有，有能力享受的又无机会，既不能离异，又不能天天吵架，只好含着眼泪微笑，带着笑容悲哀，即使勉强谈了两句，也言不出衷，躲躲闪闪。这种结果已经失去了爱情的初衷，这完全是由男人的无知与无能、女人的怯懦与虚荣所导致。让我们举起这杯双方共享的苦咖啡，在嚼食生命时干杯吧！

57. 我的憎恶

◉ 左　拉

有所憎恶是神圣的事情。它是健全有力之心灵愤怒的表现，是厌恶平庸和愚蠢的战斗性的表现。厌恶，就是对自己炽热和高尚的灵魂的感受，它就是对无耻和愚蠢的世事予以蔑视的广泛的体验。

憎恶使人得到宽慰，憎恶能表达正义，憎恶就更显得重要。

每当我对我的时代庸俗乏味的事物进行一次反抗之后，我便感到自己更加年轻和更加勇敢了。我把憎恶和自豪当成我的两个客人。我在孤独的时候，我感到高兴，因为我孤独是由于我痛恨损害正义和真理的人。如果说今天我有些价值的话，那是我与众不同，我有所憎恶。

我憎恶那些没有价值和软弱无能的人，他们让我讨厌。他们使我满腔怒火，心情烦躁。每当看到这些瞪圆了眼睛、张大了嘴巴、走起路来蹒跚得像鹅一样的家伙，我就火冒三丈。在生活中，我每走两步就不免遇到三个白痴，这便是我感到烦恼的缘故。生活的大道本来是平坦的，可是由傻瓜们组成的人群却挡住了你的去路，他们庸俗谈话的唾沫直往你脸上溅。他们走着，谈着，不论是他们的姿势和声音，都使我感到极其不快，以至我，像斯汤达一样，宁可要一个捣蛋的家伙，也不喜欢一个傻瓜。我要问，我们要这些人有何用处呢？在战斗和必须前进的时刻，我们却被他们缠住了。我们正离开旧世界，在奔向一个新世界。他们却带着否定的笑容，荒唐的格言，侧身于我们的怀抱，跳进我们的腿肚间，他们使我们处于危险而艰难的狭路。我们全身都在摇晃，他们折磨我们，使我们喘不过气来，缠住我们不放。嗳，怎么搞的！我们已处在铁路和电报无限而绝对地控制我们肉体和精神的时代，处在人的精神正在产生一种新的真理的严重而不安宁的时代，而那些无视现实的微不足道而又愚昧无知的人，却在他们那狭

窄而令人作呕的平庸池沼里停滞不前。天际的视野在不断扩大，阳光升起，布满了天际。而他们，他们却乐于沉迷在不冷不热的泥浆里，他们的肚子以一种缓慢的享受动作在消化食物，他们紧闭起被阳光直射的猫头鹰似的眼睛，他们叫嚷说别人打扰他们，说他们无法睡大觉了，一面悠闲地反刍他们在低级蠢话的牲口槽里用口嚼进的饲料。即使人们给我们一些疯子，我们还能把他们派某种用场，疯子们也在思想。他们每一个人有些过分紧张的想法，因而损害了他们智慧的活力。而这些人呢，这些人在思想上和心灵上都是病态的人，是虽然充满生命与力量，但却可怜的人。我是想听听他们说些什么，因为我总是希望在他们混乱的思想中能闪现出一丝最高真理的光芒。可是，愿上帝发发慈悲，还是消灭掉那些傻瓜和庸人，那些无用的人和低能儿吧。得有一些法律，以便使我们从这些闭着眼睛胡说大白天是夜晚的人中间挣脱出来。对于有勇气、有毅力的人来说，现在是他们的九三年的时候了，而庸人们蛮横无理的权势使大家都感到头痛，庸人们应该成批地被扔到"沙滩广场"去。

我憎恶他们。

　　我厌恶那些纠缠于个人意见的人，他们成堆成伙地走着，互相挤来挤去，低着头望地面而不愿看那天空的灿烂阳光。他们每一伙都有自己的神明，自己的偶像，他们扼杀了人类伟大的真理，把它放在他们的祭坛上。在巴黎，这样的人有成百上千，每个角落都有二三十个，还有一个高高在上的讲坛，他们高踞于上，夸夸其谈地教训人民。他们不慌不忙地踱着方步，带着极其庸俗无聊的端庄神情前行。一旦别人打扰了他们幼稚和盲目的信仰，你们便发出声嘶力竭的叫喊。你们大家都知道这些人，我的朋友，诗人们，小说家们，学者和一般好奇的人们，你们曾去敲过这些大人物的门，他们把门关得紧紧的，在修剪他们的指甲，他们高声和我谈话，目的是让大家听见，而他们却像是胆怯而气量狭小的教堂执事，把你们抛在他们的小教堂之外。你们要讲，他们因你们缺乏经验而取笑你们，那种否定一切事实的经验不是他们的过错。不妨叙述一下您第一篇文章的遭遇，当您带着您诚实而充满信心的散文前去而遇到这样的回答："您赞扬一个人有才能，而这个人对我们来说不见得有才能，而对任何人来说，都谈不上有什么才能。"这个聪明而公正的巴黎竟给我们演了这样一出好戏！不论在天上，或是在地下，在一个广阔的领域内，确实存在着一个真理，一个唯一而绝对的，它主宰众人并把我们推向未来的真理。而在这里，却有一百个互相矛盾和互相厮杀的真理，一百个互相侮骂的学派，一百群嚎叫着拒绝前进的牲畜。一些人对一去不复返的往事表示惋惜，另一些人却梦想永远不会实现的前程。而那些只考虑现在的人呢，却反把眼前当作永恒而谈论。每个宗教有它的传教士，每个教士有他盲目的崇拜者和太监式的随从。现实，这确实是值得操心的问题。现实简直是一场内战，一场淘气的孩子间用雪球互相攻击的战斗，一幕大大的闹剧，过去和未来，神和人，谎言和愚昧，成为其中逗乐而滑稽的玩偶。我要问，自由的人们，那些生活高尚的人，那些没有把他们

的思想禁锢在一种教条的狭隘圈子里的人，和那些坦率地走向光明的人，不担心明天会停顿下来而一心想着正义和真理的人，他们在哪里呢？那些不趋炎附势、阿谀捧场的人在哪里呢？他们不会看到他们头头的一个手势而鼓掌，不论是头头是上帝或王子，平民抑或贵族，这样的人在哪里呢？还有离开那些愚昧人群而独自生活的人在哪里呢？他们接受一切伟大的事实，蔑视小集团主义，而热爱自由思想，这样的人在哪里呢？这样的人说话的时候，显赫而愚昧的家伙却勃然大怒，并且动用他们的喽罗群起而攻之。之后，这些家伙又回来反刍他们的食物，他们一本正经的样子，他们彼此以胜利者自居，而他们全都是些蠢货。

我憎恶他们。

我憎恶那些不正常的冷嘲热讽者，那些小青年，他们嘲笑别人，却模仿不了他们老子那种道貌岸然的样子，阵阵笑声比外交场合的沉默更为空虚。在这个令人不安的时代，我们得到的欢乐是一种神经质和充满忧虑的欢乐，它使我痛苦万分，就像一把锉刀在锯齿上拉来拉去发出的声音。啊！你们住嘴吧，我们大家力求取悦公众，可是你们并不会笑，你们只强颜欢笑，你们的逗趣叫人肉麻难受；你们表现轻松的举止完全是装模作样，不成体统；你们的空心斤斗翻得十分滑稽可笑，并且会可怜地跌倒在地。难道你们没有瞧见，我们没有半点高兴，瞧瞧，你们自己反而哭了，何必要勉为其难呢？何必要费气力而去做荒唐的事情呢？现在已丝毫不是过去人们还能笑的时候那样的笑了。如今，高兴只是一种痉挛的发作，快乐只是一种疯狂的激动。嗤笑我们的人，说是他们脾气好，实际却是一些阴森森的人。任何事情，任何人在他们手里定要被逼得爆炸、怒不可遏，就像调皮的孩子把玩具搞坏之后是不会好好地玩弄它们的。我们的乐趣，成了一些人看到一个行人跌倒在地并折断了一条胳膊时呆在一旁幸灾乐祸时那样的乐

趣了。当我们没有一点点小事情能发笑时，便笑话一切。我们就是这样一种开心的人。我们笑大人物，笑大坏蛋，笑上帝和魔鬼，笑别的人，也笑话我们自己。在巴黎，就有这么一大帮人老是在公共场合高声大笑。闹剧包含着轻松的愚蠢，而别的戏则是庄严的愚蠢。我，我感到遗憾的是，讲风趣的人物那么多，而讲求真理和自由公道的人却是那么少。每次我看到一个诚实的小伙子为博取公众最大的乐趣而发笑时，我为他鸣不平。我感到遗憾，他是由于缺少钱财而不能饱食终日无所用心，吊儿郎当地背着双手无所事事。但是，我并不同情那些只是笑、而丝毫没有眼泪的人。

我憎恶他们。

我憎恶那些高傲和无能的蠢人，他们叫嚷说我们的艺术和我们的文学已濒临死亡。这些人头脑十分空虚，心灵极其枯竭，他们是埋头于过去的人，而对我们当代的生动而激动人心的作品，只是轻蔑地翻阅两页就宣布它们浅薄而没有价值。我呢，我的看法迥然不同。我不考虑出色和完美无缺，我不在乎是不是伟大的世纪，我关心的是生活，斗争，热情。在我们这个环境，有另一个时代。现在已没有大师，没有学派。我们完全处于无政府状态，我们每个人是一个叛逆者，考虑自己，为自己创造和为自己奋斗的叛逆者。时光在前进中气喘吁吁，充满忧虑。人们期待着那些打得最有力、最准确的拳击手，他们的拳头强劲得足以堵住别人的嘴，而实际上，每个新的好斗者都有一种模糊的希望，希望成为明天的独裁者，明天的暴君。那样，天地是何等广阔哟！想到未来的实际，我们真是激动得要发抖呵！如果说我们有些讲不清楚，那是因为我们要说的事太多了。我们正处于一个科学和真实的世纪的前夕，在迎面升起的伟大光芒前，我们有时要摇晃、踉跄几步，就像醉汉那样。可是，我们在工作，我们在为我们的后代准备活计，我们处在房屋拆迁的时候，一片石灰的灰尘布满了空气，破

砖碎瓦哗哗落地。明天，大厦即将建成。我们将有一种带有疼痛的高兴，如同分娩时那种温柔而痛苦的不安；我们将会有充满激情的作品，那将是真理的自由呼声，伟大时代的一切丑恶和美德都处在萌芽之中。让瞎子们否定我们的痛苦耕耘，而这些斗争如同分娩时最初的探索。而他们却是瞎子。

我憎恶他们。

我憎恶那些对我们发号施令的学究，那些躲避现实生活的书呆子和令人讨厌的家伙。我相信人的才华能够得到不断的发挥，相信展示生动画面的画廊是无穷无尽的，我感到遗憾的是我不能永生，以便观看成千上万有不同幕景的永恒的喜剧。我只不过是一个有好奇心的人。而不敢朝前看的傻瓜们，都总是朝后看。他们用过去的规矩来衡量现在，他们希望未来、作品和人都遵循昔日的模式。而未来的时光是按照它们的意愿来临的，每一个都将带来一个新的观念，一种新的艺术，一种新的文学。有多少不同的社会，就有多少不同的作品，社会将永不停地变化。然而，无能者都不希望知识的领域不断扩大，他们编制出已经发表的作品名单，并且叫嚷把他们已经得到的相对真理说成是绝对真理。别创作了，模仿吧。这就是为什么我憎恶那些愚蠢地一本正经的人和那些愚蠢地得意的人，还有那些愚蠢地想让昨天的真理成为今天的真理的艺术家和批评家们。他们不理解我们的前进，也不理解风光景物都在改变。

我憎恶他们。

现在你知道了我爱些什么，我做为一个青年的美好的爱是什么。

58. 人的蜕变

● 歌 德

少年期，闭门造车、叛逆性；

青年期，自大、目中无人；

中年期，老成持重；

到了老年，心浮气躁、反复无常；

如果像这样念你的碑文，

那绝对是人！

人类在生长过程中，必须经过各种不同的阶段。而且，在每个阶段中也都有独到的优点与缺点。这些优点与缺点在那个时期里，绝对是必然且正确的，但是到了下一个阶段，则可能完全变了。以前的优点与缺点可能已烟消云散，由其他的优点与缺点代替。如此持续不断地重复着，终于，到达无法预测的最后变化。

人对不同年纪的生活有一定的应对之道。儿童是实在论者，因为儿童确信自己的存在就如同梨子与苹果的存在一样。青年由于内心热情澎湃，方才第一次感觉到自己的存在，拥有自己的意识。青年由此转变成观念论者，但是壮年人却有足够的理由成为怀疑论者，甚至也不得不怀疑自己为目标选定的手段是否正确。为了不让错误的选择造成终生的后悔，在行动之前及行动的同时，必须运用智慧考虑清楚。到最后，老年人经常成为神秘主义的告白者。他们知道大部分的事情并不是一脉可成，也许不合理的事情成功了，合理的事情反而失败了。幸福与不幸是不可预期、差别极大的两件事。世界上所有的事情都是

如此。

59. 青春的秘密

● 托尔斯泰

啊，青春，青春，你无所顾忌，你仿佛拥有宇宙间一切的宝藏，连忧愁也给你安慰，连悲哀也对你有帮助，你自信而大胆，你说：瞧吧！只有我才活着。可是你的日子也在时时刻刻地飞走了，不留一点痕迹，白白地消失了，而且你身上的一切也都像太阳下面的雪一样，消失了。

也许你魅力的整个秘密，并不在于你能够做任何事情，而在于你能够想你做得到任何事情——正在于你浪费尽了你自己不知道怎样用到别处去的力量，正在于我们中间每个人都认真地以为自己是个浪子，认真地认为他有权利说："啊，倘使我不白白耗费时间，我什么都办得到！"

我也是这样……那个时候，我用一声叹息，一种凄凉的感情送走了我那昙花一现的初恋的幻梦的时候，我希望过什么，我期待过什么，我预见了什么光明灿烂的前途吗？

然而我希望过的一切，有什么实现了呢？现在黄昏的阴影已经开始笼罩到我的生命上来了，在这个时候，我还有什么比一瞬间消逝的春潮雷雨的回忆更新鲜、更可宝贵呢？

60. 孤独

◉ 亨利·大卫

　　天边渐渐被晚霞映红，我独坐那里与这美景相融。夜幕降临了，风儿依然在林中呼啸，水仍在拍打着堤岸，一些生灵唱起了动听的催眠曲。夜晚并未因黑暗而寂静，猛兽在追寻猎物。这些大自然的生灵使得生机勃勃的白昼不曾间断。

　　我与远处黑黢黢的峰峦有一英里之遥，举目四望，不见一片房舍，四周的丛林围起一块属于我的天地。远方邻近水塘的一条铁路线依稀可辨，只是绝大部分时间，这条铁路像是建在莽原之上，少有车过。我时而误认为这里是亚洲或非洲，而不是新英格兰，我独享太阳、月亮和星星，还有我那小小的天地。

　　我知道友谊是不分国界和类别的。大自然中的一切生物在某种意义上都是相通的。对于生活在大自然之中的人来说，永远没有绝望的时候。我生活中的一些最愉快的时光，莫过于春秋时日阴雨连绵独守空房的时候。

　　"你一个人住在那儿一定很孤独，很想见见人吧，特别是在雨雪天里。"我经常被这样问。"我们赖以生存的地球不也只是宇宙中的一叶小舟吗？我为什么会感到孤独呢？我们的地球不是在银河系之中吗？"我真想这样回答他们。将人与人分开并使其孤独的空间是什么？我认为躯体的临近并非能拉近心之距离。试问，我们最喜欢逗留何处？当然不是邮局，不是酒吧，不是学校，更非副食商店，纵使这些场所使人摩肩接踵。我们不愿住在人多之处，而喜欢与自然为伍，与人类

生命的不竭源泉接近。

我觉得经常独处使人身心健康。与人为伴，即便是与最优秀的人相处也会很快使人厌倦。我喜欢独处，至今为止，我还没有找到一个可以代替独处时感受的朋友。当我们来到异国他乡，虽置身于滚滚人流之中，却常常比独处家中更觉孤独。孤独不能以人与人的空间距离来度量。一个专于书本的学生，即使置身于似市场的教室也能够做到视而不见，听而不闻。整天在地里锄草或在林中伐木的农夫虽孤身一人，却并不感到孤独，原因在于他心中有树、有草陪伴。但一旦回到家里，他不会继续独处一方，而必定与家人邻居聚在一起，以补偿所谓一天的"寂寞"。于是，他开始困惑：学生怎么能整夜整天地单独坐在房子里而不感到厌倦与沮丧。他没能意识到，学生尽管坐在屋里，却正像他在田野中锄草，在森林中伐木一样。

社会存在的意义早已升值。尽管我们接触频繁，但却没有时间从对方身上发现新的价值。我们不得不遵守着世俗中的一套条条框框，即所谓"礼节"与"礼貌"，才能调和这频繁的接触，不至于变得忍无可忍大打出手。在邮局中，在客栈里，在黑夜的篝火旁，我们到处相逢。我们挤在一起，互相妨碍，彼此设障，长此以往，怎能做到相敬如宾？毫无疑问，保持距离不是内心疏远，更不会影响我们之间的重要交流。假如每平方公里的土地上只住一个人——就像我现在这样，那将更好。频繁地接触不易发现问题，时近时远才能认清人的价值。

身居陋室，以物为伴，独享闲情，特别是清晨无人来访之时。我想这样来比喻，也许能使人对我的生活略知一斑：我不比那湖中嬉水的鸭子或沃尔登湖本身更孤独，那湖水又以何为伴呢？我好比茫茫草原上的一株蒲公英；好比一片菜叶，一只蝴蝶，一只蜻蜓，我们都不感到孤独。我好比一条小溪，或那一颗北极星；好比那南来的风，四月的雨，一月的霜，或那新居里的第一只爬虫，我们都不感觉孤独。

61. 我的心灵告诫

◉ 纪伯伦

　　我的心灵告诫我，要热爱人们所憎恶的事物，真诚对待人们所仇视的人。它向我阐明：爱并非爱者身上的优点，而是被爱者身上的优点。在心灵告诫我之前，爱在我这里不过是连接两点之间的一条直线，但是现在爱已变成一个始即终、终即始的光轮，它环绕着每一个存在着的事物，它慢慢地扩大，以至包括每一个即将出现的事物。

　　我的心灵告诫我，要善于去发现被形式、色彩、外表遮掩了的美，去仔细审视人们认为丑的东西，直到它变为我认为是美的东西。在心灵告诫我之前，美在我心中无非是烟柱间颤抖的火焰。可是现在，烟雾消失了，我看到的只是燃烧着的东西。

　　我的心灵告诫我，它要去倾听并非唇舌和喉咙发出的声音。在心灵告诫我之前，我的听觉迟钝，只听到喧闹和呼喊。但是现在，我能倾听寂静，听到它的合唱队正唱着时光的颂歌和太空的赞美诗，宣示着生灵的奥秘。

　　我的心灵告诫我，要从榨不出汁、盛不进杯、拿不住手、碰不着唇的东西中取饮。在心灵告诫我之前，我的焦渴是我倾尽溪涧和贮池中的水浇熄的灰堆上的一粒火星。但是现在，我的思慕已变成我的杯盏，我的焦渴已变为我的饮料，我的孤独已变为我的微醉。我不喝，也决不再喝了。但在这永不熄灭的燃烧中却有永不消失的快乐。

　　我的心灵告诫我，要去触摸并未成形和结晶的东西，哪能知道可触知的就是半合理的，我们正在捕捉的正是部分我们想要的。在我的

心灵告诫我之前，我冷时满足于热，热时满足于冷，温吞时满足于冷热中的一种。但是现在，我捕捉的触觉已经分散，已变成薄雾，穿过一切显现的存在，以便和隐幽的存在相结合。

我的心灵告诫我，该去闻并非香草和香炉发出的芬芳。在心灵告诫我之前，每当我欲享馨香时，只能求助于园丁、香水瓶或香炉。但是现在，飘进我鼻中的是不熏燃和不挥发的馨香，我胸中充溢的是没经过这个世界任何一座花园，也没被这天空的任何一股空气运载的清新的气息。

我的心灵告诫我，要在未知和危险召唤时回答："我来了！"在心灵告诫我之前，我只听命于熟识的声音，踏上走熟的道路。但是现在，已知已变成我奔向未知的坐骑，平易已变成我攀登险峰的阶梯。

我的心灵告诫我，要我不要用自己的语言："昨天曾经……"、"今天正……"、"明天将会……"去衡量时间。在心灵告诫我之前，我以为"过去"不过是一段逝而不返的时间，"未来"则是一个我决不可能达到的时代。但是现在，我懂得了，眼前的一瞬间有全部的时间，包括时间中被期待的、被成就的和被证实的一切。

我的心灵告诫我，不要用我的语言："在这里"、"在那里"、"在更远的地方"去限定空间。在心灵告诫我之前，我身处某处时，也意味着远离其他地方。但是现在我已明白，我落脚的地方包括了一切地方，我所跋涉的每一段旅程，是所有的途程。

我的心灵告诫我，要在周围居民酣睡时熬夜，在他们清醒时入睡。在心灵告诫我之前，我在自己的睡榻上看不到他们的梦，他们在他们的困顿中也寻不到我的梦。但是现在，我只是在他们顾盼着我时才展翅遨游于我的梦中，他们只是在我为他们获得自由而高兴才飞翔于他们的梦中。

我的心灵告诫我，不要因一个赞颂而得意，也不要因一个责难而

忧伤。在心灵告诫我之前，我一直怀疑自己劳动的价值和品级，直到时日为它们派来一位褒扬者或诋毁者。但是现在，我已明白，树木春天开花夏天结果并非企盼赞扬，秋天落叶冬天凋敝并不害怕责难。

我的心灵告诫我，它要我明白并向我证实：我并不比草莽贫贱者高，也不比强霸伟岸者低。在心灵告诫我之前，我曾以为人分为两类：一类是令我怜悯或鄙视的弱者，另一类是我追随或反叛的强者。但是现在我已懂得，我是由人类组成的一个集体的东西组成的一个个体，我的成分就是他们的成分，我的蕴涵就是他们的蕴涵，我的希冀就是他们的希冀，我的目标就是他们的目标。若他们背叛了法律，那我也是法律的亵渎者；他们如果做了某件好事，那我也以这件好事而骄傲；他们如果站起身来，那我也一同起立；他们如果落座，那我也一同坐下。

我的心灵告诫我，要我知道：我手擎的明灯并不专属于我，我唱着的歌也不是由我的材料谱成的。如果说我带着光明行走，那并不能说明我是光明的代表；如果说我是一把被上好弦的琴，那我并不是弹奏者。

朋友！我的心灵告诫我，教育了我。你的心灵也告诫过你，教育过你。因为你我本是彼此相似的。我们之间没有什么不同，除了我谈论着我，在我的话语中有一点争辩；你掩饰着你，在你的隐匿中有一种美德。

62. 阴郁的一天

● 柴 达

白日一整天都在劳作，而四周到处都有人忙着。白天我觉得，由于那一天的劳作和那一天的交涉，那一天的一切工作，在终日时刻都已全部完结。我没有余暇来思索：还有什么话语残留在心窝。

今天早晨，云烟漫漫，天际墨墨。今天，全天的劳作又堆积在我的面前，而人们又云集在周围。然而，我今天却觉得，郁结在心头的一切，是无法把它们拖出来加以消灭。

人，可以渡过大海，飞越高山，凿穿地下的宫阙而偷出珠宝，但是一个人内心的话语，却怎么也不能将另一个人毁灭。

今天，在这阴郁的早晨，我那被俘的话语，正在心里展翅击搏。藏纳在心里的人问道："我那一位永恒的人在哪里？莫非是他使我心里的万月阴云变得赤贫、把一切雨露摄握？"

今天，在这阴郁的早晨，我听到，那内心里的话语只是把紧闭的门栓拨弄。我在想：我怎么办呢？是在谁的召唤下我的话语越过劳作的栅栏，手持乐曲的火炬立即去幽会世界？是在谁的眼神暗示下，我那一切散乱的痛苦立刻汇成了一种欢乐，变成了一种灼灼闪烁的光火？我只能给予用这种曲调来祈求我的人以一切。我那毁灭一切的苦行者又伫立在街道上的哪个角落？

我内心的痛苦，今天披上了赭色的裟裟。它想走向外边的路，走向这远离一切劳作之外的路，这条路犹如独弦琴的弦一样，在隐藏在心里的人物的步履下，嗡嗡呜响着。

63. 我的灵魂

●尼采

啊，我的灵魂！再没有比你更仁爱、更丰满和更博大的灵魂！过

去和未来的交汇，还有比你更切近的地方吗？

啊，我的灵魂！我已给了你一切，现在的我两手空空！你微笑而忧郁地对我说："你是要我感谢你吗？"

给予者不是因为接受者已接受而应感谢吗？赠予不就是一种需要吗？接受不就是慈悲吗？

啊，我的灵魂！我懂得了你的忧郁的微笑，现在你的过剩的丰裕张开了渴望的双手了！

你的富裕眺望着暴怒的大海，寻觅而且期待，过盛的丰裕的渴望从你的眼光之微笑的天空中眺望！

真的，啊，我的灵魂！谁能看见你的微笑而不流泪？在你的过剩的慈爱的微笑中，天使们也会流泪。

你的慈爱，你的过剩的慈爱，不会悲哀，也不啜泣。啊，我的灵魂！为什么你的微笑，渴望着眼泪？为什么你的微颤的嘴唇，渴望着呜咽？

"一切的啜泣不都是抱怨吗？一切的抱怨不都是控诉吗？"你如是对自己说。啊，我的灵魂！因此你宁肯微笑而不倾泻你的悲哀——

不在迸涌的眼泪中倾泻所有关于你的丰满的悲哀，所有关于葡萄的收获者和收获刀的渴望！

啊，我的灵魂！你不啜泣，也不在眼泪之中倾泻你的紫色的悲哀，甚至于你不能不唱歌！看啊！我自己笑了，我对你说着这预言：

你不能不高声地唱歌，直到大海都平静地倾听着你的渴望，——

直到，在平静而渴望的海上，小舟漂动了，这金色的奇迹，在金光的周围，一切善恶和奇异的东西舞动着——

一切大动物和小动物及一切有着轻捷的奇异的足可以在蓝绿色海上跳舞的。

直到他们都向着金色的奇迹，这自由意志的小舟及其支配者！但

这个支配者就是收获葡萄者，他持着金刚石的收获刀期待着。

64. 创造的欢乐

● 罗曼·罗兰

他这么说着，因为他明明知道暴风雨快来了。

所谓打雷，他要它在什么地方什么时候发生，就在什么地方什么时候发生。但在高处更比较容易触发，有些地方、有些灵魂竟是雷雨的仓库。它们会制造雷雨，在天上把所有的雷雨吸引过来。一年之中有几个月是阵雨的季节。同样，一生之中有些年龄特别富于电力，使霹雳的爆发即使不能随心所欲，至少也能如期而至。

整个人都很紧张。雷雨一天一天地酝酿着。白茫茫的天上布满着灼热的云，没有一丝风，凝集不动的空气在发酵，似乎沸腾了。大地寂静无声，麻痹了。云里在发烧，嗡嗡地响着。整个大地等着那愈积愈厚的力爆发，等着那重甸甸的高举着的锤子打在乌云上面。又大又热的阴影移过，一阵火辣辣的风吹过，神经像树叶般发抖……随后又是一片静寂，天空继续酝酿着雷电。

在这样的等待期间，自有一种悲怆而痛快的感觉。虽然你受着压迫，浑身难过，可是你感觉到血管里头有的是烧着整个宇宙的烈火。陶醉的灵魂在锅炉里沸腾，像埋在酒桶里的葡萄。千千万万的生与死的种子都在心中活动，结果会产生些什么来呢？……像一个孕妇似的，你的心不声不响地看着自己，焦急地听着脏腑的颤动，想道："我会生下些什么来呢？"

有时不免空等一场。聚集的乌云四处散去，没有爆发。你惊醒过

来，脑袋昏昏沉沉，疲倦，失望，烦躁，说不出的懊恼。但这阵雨早晚要来的，只不过是延期而已。要不是今天，就是明天。它爆发得越迟，来势就越猛烈……

瞧，它不是来了吗？乌云从生命的各个隐蔽的部分升起。一堆堆蓝得发黑的东西，不时给狂暴的闪电撕破一下。它们从四面八方飞驰来包围心灵，那速度之快，令人眼花缭乱。尔后，它们把光明熄灭了，突然之间从窒息的天空直扑下来，那真是如醉若狂的时刻！……激奋达于极点的元素，平时被自然界的规律——维持精神的平衡而使万物得以生存的规律——幽禁在牢笼里的，这时可突围而出，在你意识消灭的时候统治一切，显得巨大无比，而且没有人能说明它的奥妙。你痛苦之极，你不再向往于生命，只等着死亡来解放了……

而突然之间，电光闪耀！

克利斯朵夫快乐得狂叫了。

欢乐，欢乐得如醉如狂，好比一颗太阳，照耀着一切现在的与未来的成就，创造的欢乐，神明的欢乐！唯有创造才是欢乐，唯有创造的生灵才是生灵，其余的尽是与生命无关而在地下飘浮的影子。

人生所有的欢乐是创造的欢乐：爱情，天才，行动——全都靠创造这一团烈火迸射出来的。即便是那些在巨大的火焰旁边没有地位的野心家、自私的人、一事无成的浪子，也想借一点黯淡的光辉取暖。

不论是肉体方面的，或是精神方面的，创造总是脱离躯壳的樊笼，卷入生命的旋风，与神明同寿。创造是消灭死。

可怜的是不能创造的人，在世界上孤零零的，流离失所，眼巴巴地盯着枯萎、憔悴的肉体与内心的黑暗，却从来没有冒出一朵生命的火焰！可怜的是自知不能创造的灵魂，不像开满了春花的树一般满载着生命与爱情！对于这类人来说，他只不过是一具行尸走肉而已，社会可能也给他光荣与幸福，但那只是点缀一下罢了。

189

65. 头发里的世界

● 波特莱尔

让我长久地呼吸你头发里的气息，让我将面庞沉到那里去，如口渴的人在泉水中。让我用我的手来挥动它如一条黛香的手巾，将记忆挥散在空气里。

你倘若能知道我在你头发里的一切所见，一切所感觉，一切所思吗！我的灵魂在香气之上旅行，正如别人的灵魂在音乐之上徜徉一样。

从你的头发升起一个圆满的梦，充塞着帆与樯。它容纳大海，在这上面，暖风送我向优美的国土。在那里，天空更蓝更深，大气被果实树叶和人所黛香了。

在你的头发的大洋里，我见一海港，低唱着忧郁的歌，用了各民族的强壮的人们和各种形状的船舶，在垂着永久之热的巨大的天空上，雕镂他们的微妙细巧的建筑。

在你的头发的爱抚里，在充满花朵的瓶盎和清心的喷泉中间，在大船的船室里，我为海港的波动所摇荡，不禁心神倦怠。

在你的头发的炽热的分披里，我呼吸那夹着阿片和糖和烟草的气息；在你的头发的夜里，我看见热带的天的无穷的照耀；在你的头发的茸条似的岸边，我因为柏油魔香和科科油混杂的气息而沉醉了。

让我久久地咬你浓厚的黑头发。我在啮你弹力的反逆的头发时，这似乎是我正在吞噬记忆。

66. 内心深处的日落

● 普鲁斯特

智慧也如同大自然一样，有其自身的景象。日出和月光深深地感动着我，经常使我欣喜若狂，直至流泪，可我却从未超越智慧这种博大而忧郁的拥抱。

在傍晚时分的散步之时，这种拥抱在我们的心灵中泛起高低起伏的波涛，宛如海面上熠熠生辉的夕阳。于是我们在黑夜中加快步伐。一只比骑兵更快的可爱动物加快了奔跑的速度，让人眼睛看不过来，心神陶醉，我们颤颤巍巍、满怀信任和喜悦地把自己交付给汹涌澎湃的思潮。

我们最好是掌握并且操纵这些思潮，可我们感到越来越难抵御它们的控制。我们怀着深情走遍昏暗的田野，向被黑夜笼罩的橡树、向庄严肃穆的乡村、向制约我们、让我们陶醉的冲动的证人致意。

抬起眼睛仰望天空，从告别太阳而激动的云层之间，我们感慨地辨认出我们思想的神秘反照。我们越来越快地隐没在田野之中，狗跟随着我们，马载着我们，朋友不声不响，但有时我们身边甚至没有任何有生命的东西。我们衣领上的花朵或发热的手中欢快转动的手杖，至少从目光和眼泪中收到了来自我们狂喜的忧郁贡品。

67. 有用的只是生命

● 爱默生

我们必须知道，对我们这些活着的人来说，有用的只是生命，而不是已经过去的生活。一旦静止，力量便无影无踪；因为，他永远存在于从一种旧的状态向新的状态过渡的时刻，存在于海湾的汹涌澎湃之中，存在于向目标的投射之中……这是一个令世人讨厌的事实，可却也是灵魂形成的事实，因为，它永远贬低过去，把所有的财富化为灰烬，把所有的荣誉化为耻辱，把圣徒与恶棍混为一谈，把耶稣和犹大都推到一边……

既然这样，我们唠叨自助还有什么意义呢？因为，只要有灵魂存在，就有力量存在，它不是自信力，而是作用力。谈论他助，不仅于事无补，而且只能坐失良机，因为，那不过是一种肤浅的说话方式而已。还是让我们现实点吧，让我们回到有依赖作用的事情上来吧，因为它存在着、作用着。当我充当了自我的主宰时，就能够得到最大限度的服从。除了自己，谁还能做到这一点呢？尽管他不费吹灰之力。我必须借助于精神的引力围着他转。当我们谈论突出的美德的时候，我们认为它华而不实，那是因为，我们看不到美德就是"顶峰"，也看不到一个人或者一群人，只要对原理有适应能力或渗透能力，就肯定会因势利导，借助自然规律，征服和驾驭所有的城市、国家、国王、富人和诗人，因为，他们没有这种自助的能力。

如同我们在所有其他的论题上所做的一样，这就是我们以快刀斩乱麻的方式在这一论题上所得到的终极观点：别无选择，一切都将转变为永远神圣的"一"。自我的生存就是这个宇宙中最根本的属性，它进入了所有比较低级的生命形式，只是程度有所不同，而且它还根据这种程度制定了衡量善的标准。万物的真实程度取决于它们所包含的优点。商务、农牧、狩猎、捕鲸、战争、雄辩、个人影响等，都是重要的东西，并且作为自我生存的存在和不纯行动的实例赢得了我的敬仰。

同样，我看到同一个规律在自然界中为保护和发展而发挥作用。在自然界中，能力是最基本的标准，有能力者就是正义的化身。大自然淘汰一切无自助能力的孩子，不允许任何无自助能力的事物停留在她的世界之中。一颗行星的起源和成熟，它的平衡和轨道，狂风过后，弯倒的树木又挺身直立，每一个动植物的生命力……这一切的一切，都是这种自给自足的，因而也是自助的灵魂的表现。

就这样，一切都集中起来：让我们不再四处漂流了，让我们和这万能的动因一起呆在家里吧！让我们仅仅宣布这个神圣的事实，让那些如强盗一般破门而入的一堆乱哄哄的人、书和制度目瞪口呆、哑口无言吧！让入侵者把鞋子脱下来，因为上帝就在这里！让我们的简单和纯粹裁判它们吧！让我们对自己规律的顺从在我们天生的财富旁边演示自然的贫困和财富吧！

68. 空虚的世界

● 弗洛姆

现代社会的每个人在日益紧张的工作生活中，渐渐同自己疏远开来，同他的同伴们或同事们疏远开来，同自然界疏远开来。他变成了一种商品，变成了一架赚钱机器。他将自己当做一种投资来检验生命的能量。而在目前的市场条件下，这种投资必须给他带来可以获得的最高利润。否则，他的人生为之逊色。人的关系，实质上已变成异化了的机械般动作的人的关系。每个人的安全感，只有成群地聚集在一起时才有保障。每个人在思想上、情感上和行动上都是机械的、僵化的。虽然每个人尽可能地努力同其他的人紧密地保持联系，但是每个人还是极度地空虚和寂寞，每个人充满了强烈的恐惧感、焦虑感和罪恶感。如果人的空虚和寂寞如影相随，它们就总是会导致不安全感、焦虑感和罪恶感的产生。我们的文明世界，在高度现代化的同时，提供了多种帮助人在意识中意识不到这种空虚、寂寞的镇静剂：首先，企业化与机构部门化的机械工作，其严格的规程，苛刻的制度促使人意识不到他自己具有人的最根本欲望，意识不到超越自身和结合的强烈要求。虽然这种规范的工作导致了最大化的效率，但人性却丧失了。在工作之余，人们为了摆脱空虚，通过娱乐的过程化，通过娱乐工业提供的声音和风景被动地消遣，以摆脱潜意识里的绝望。除此之外，人们为了克服孤独感和空虚感，还往往通过大量购买时髦的东西，很快地更新换旧，从中获得满足。现代人赫鲁黎在《勇敢新世界》中有一个很形象的描述：身体肥胖、衣着漂亮、情欲放荡。然而，没有自我，没有灵魂，除了与同伴们或同事们肤浅的接触之外，身心万分空乏。并且，还受那句曾被赫鲁黎简洁地说出来的箴言的影响："个人觉察到，万众齐欢跳。"或者说："今朝有酒今朝醉，明日无酒明日忧。"或者最雅致也是最圆满的说法是："现在每一个人都幸福。"现代人从紧张、快节奏的工作中摆脱后，他的幸福就仅仅寓于"获取乐趣"之中，获取乐趣，就在于从眼花缭乱的商品的消费和购买中得到满足；从乱七八糟的风景、食物、酒精、香烟、人群、课堂、书籍和电影中得到满足——所有这些都被兼收并蓄，吞咽入肚。世界对我们

的欲望来说，是一个巨大的客体，是一个巨大的苹果，是一只巨大的酒瓶，是一个硕大的乳房。我们只有放纵自己的身体，大吃海喝、狂购，我们的性格适合于交换、买卖和消费，尽管一切过后是一阵阵空虚，但除此之外，我们还能干什么呢？

69. 世界像一个舞台

● 莎士比亚

　　世界是一个舞台，一切的男女都不过是演员：他们有他们的登场和退场，而且一个人在他的时代里扮演许多的角色，他的角色的扮演分七个时期。

　　最初婴孩在乳母怀抱里啼哭呕吐。于是带着书包啼哭的学童，露着早上明澈的脸，像一只蜗牛般很勉强地爬向学校；于是长吁短叹的恋人以哀伤的短歌呈献给他的情人的娥眉；于是爱好离奇的咒骂的军人，胡须长得像一只豹，爱惜名誉、急于争吵，甚至于在炮口内觅取如泡沫幻影的名誉；于是法官饱食了困难，挺着美观的圆肚子，张着庄严的眼睛，留着规规矩矩的胡须，他的发言充满着聪明的格言和时新的例证，他这样扮演他的角色。

　　第六个时期转入消瘦的、穿着拖鞋的丑角。

　　鼻上架着眼镜，身边挂着钱袋，好好节省下来的年青时代的袜子，穿在他的瘦缩的小腿上，大得难以使人相信，他的壮年洪亮的声音转成小孩子尖锐的声音，在他的声音里充满竹笛的尖声。

　　最后一幕结束这怪事层出的传记是第二个婴孩时期，并且仅仅是

湮没无闻，没有牙齿，没有眼睛，没有味觉，没有一切的东西。

70. 你这完美迷人的人啊

● 爱伦·泰瑞

啊！你这完美迷人的人啊。你真是个可爱的宝贝儿！你的信和我的冷鸡排成了我的晚餐，进餐时我始终笑个不停。离开"工场"前我听亨利·欧文说你明天中午 12 点 30 分要与他会面，这使我很高兴。然后他带我回家，但并没有进屋。后来又收到你的信，还有明天发行的《星期六评论》！！

不要误解我的话，不要把我看成一个"从未见过一位值得见面和结识的男人"的可爱又可怜的人物！这不是事实。我曾见到过许多出色的家伙，他们全都值得结识，我一直爱他们（不要误解我的话），并已对没完没了地关怀他们感到疲惫不堪，可是我从未抛弃过他们（这真不合理）。你一定要把你的剧本读给我听。我可以拿到《康蒂姐》吗？你是不是认为我会带着它逃走？

对了——我就是一位"亲切的女人"。已经有好多人这样告诉我了。啊，晚安，你这招人疼爱的活宝。你真是太好了！明天十二点半时，我可能不在那里。但是我知道，欧文在见过你后会立刻驱车赶到我这里来，根据他的观点，把有关你的一切都告诉我。但他是一个如此聪明的老傻瓜，当我们一起结识某人时，他总是通过我的眼光去观察对方——评论家除外！

刚刚又读了一遍你的信，忍不住又笑出声来。谢天谢地这里只有我一个人。已经 *1* 点钟了。晚安——还有早安。

你这个活宝！

爱伦·泰瑞
1896 年 9 月 26 日

71. 握住自己的命运

◉ 汤普森

　　亨利·克莱的母亲是一个寡妇，除了他之外，家里还有 *6* 个兄弟姊妹。由于家境贫寒，克莱无法到较好的学校去读书，只能在一个普通的乡小学接受教育，在那里他学到的只是一些最简单枯燥的拼写知识。但是，他并没有因此而止步不前；相反，他利用了所有课余的时间，在没有老师指导的情况下进行了自学。

　　这样，多年以后，他最终成为了自学成才的佼佼者，自力成功的典范。当年那个畜棚里练习演说，只有一头奶牛和一匹马作为听众的男孩如今已变成了美国最伟大的演说家和政治家之一，成千上万的听众一边听着他的演说，一边给予如雷的掌声和喝彩。

197